Bettina Egger
Träume malen und verstehen

Wir sind das,
was wir an Mitgefühl zu schenken vermögen

Bettina Egger

Träume

malen und verstehen

Zytglogge

Träume (Sing. Traum) – Bez. für Phantasieerlebnisse opt. und akust. Art während des Schlafes. Etymologische Herkunft unklar.

Malen (Verb) – Die Tätigkeit des Auftragens von Farbe auf einen Bildträger. Etym: Zeichen machen.

Und – sowohl als auch, im Zusammenhang zu erkennen.

Verstehen (Verb) – durchdringen, dazustehen. Etym: Vor einem Objekt stehen (und es damit besser wahrnehmen), eine Sache vertreten.

Hinweis:
Die Farbigkeit in Bildserien, die Malprozesse zeigen, variiert manchmal von Bild zu Bild. Dies kommt daher, dass für die Abbildungen unterschiedliches Filmmaterial verwendet wurde. Auch die Beleuchtung war verschieden.

Lektorat: Hugo Ramseyer, Ueli Bachmann
Umschlagbild: «Lenas Buddha»
Satz und Gestaltung: Zytglogge Verlag Bern, Edith Biedermann
Druck: Proost N. V., Turnhout/Belgien
Photolitho: Litoservice, Milano/Italien
ISBN 3-7296-0513-5

Zytglogge Verlag Bern, Eigerweg 16, CH-3073 Gümligen

Inhaltsverzeichnis

I. Brief an Jörg Merz

Statt eines Vorwortes

Lieber Jörg,

Wir sassen mit Dir im Thurgau vor Deinem grossen, gemütlichen Bauernhaus. «Ich habe eine Idee, welches Thema wir zusammen bearbeiten könnten», sagtest Du, «Träume,» und sofort war ich begeistert davon.

Du hast mir am runden Gartentisch erklärt: «Wir wollen nicht die Träume selber malen, sondern etwas an deren Rand», und obwohl ich nicht ganz verstand, was Du meintest, war ich auch damit einverstanden, denn schon damals war mir klar, dass die Illustration eines Traumes am Schluss oft schal wirkt.

Im Sommer 1982 führten wir zusammen den ersten Kurs ‹Träumen und Malen› durch. Wir arbeiteten bis tief in die Nacht, früh am Morgen und zwischen allen Sitzungen. Keiner meiner Kurse war je so intensiv wie jene mit Dir.

Von Kurs zu Kurs haben wir mehr über das Wesentliche des Umsetzens von Traumbildern in gemalte Bilder gelernt, und obwohl wir auch heute noch spätabends und frühmorgens und zwischen allen Sitzungen zusammen arbeiten, konnten wir dem Prozess von Träumen und Malen immer rückhaltloser vertrauen, immer sparsamer intervenieren.

Über die Jahre sind wir zunehmend näher an den Kern der Sache gekommen, näher an die ganz persönliche Mitteilung der Träume, fühlten wir auch immer präziser, wie man mit Träumen arbeiten kann.

Ebenso wichtig wie das Malen wurde das Umsetzen von Träumen in Rollenspiele. Verschiedene Phasen des Traumes konnten wir in gespielte Bilder und in Worte umwandeln lassen, Szenen so gestalten, dass die Träumenden daran teilhaben und in sie eingreifen konnten. Auf diesen wesentlichen Teil unserer Arbeit will ich in diesem Buch nicht eingehen, denn erstens ist das Dein Spezialgebiet, und zweitens möchte ich diese Seiten vor allem dazu nutzen, Prinzipielles über die Wirkung von Bildern zu sagen.

Das menschliche Hirn schreit dauernd nach Erklärungen, auch das meine lässt mich nicht in Ruhe. Warum und wie funktioniert unsere Traumarbeit? Was hat sie mit der Hirnstruktur zu tun? Wie wirkt sie sich auf das therapeutische Geschehen aus?

Ob die Erklärungen richtig oder falsch sind, ist dem Hirn ziemlich egal. Sogar ob es angenehme oder unangenehme Erklärungen sind, ist nicht so entscheidend. Wichtig ist nur, dass es überhaupt eine Erklärung gibt. Erfahrung entzieht sich letztlich der Umsetzung in Worte, und Erklärungen müssen immer als ein Umschreiben von etwas Unfassbarem verstanden werden.

Nachdem ich mit Schreiben begonnen hatte, teilte sich meine Untersuchung bald in zwei Richtungen auf. Ich lernte, dass es zwei Arten von Fragen gibt: die Fragen nach den unmittelbaren und die Fragen nach den grundlegenden Ursachen. Die unmittelbaren Ursachen sind unsere Interventionen während dem Prozess, das Wie, die Methodik. Die grundlegenden Ursachen aber haben letztlich mit dem Hirn zu tun.

Die Sache wurde für mich immer spannender. Ich merkte, dass wir beide daran sind, eine neue bildnerische Methode für das Bearbeiten von Träumen zu entwickeln, die uns ein erweitertes Verstehen des Traumes ermöglicht.

Mit der Zeit habe ich die Erfahrungen aus unseren Kursen auf die Arbeit im Malatelier übertragen und gemerkt, dass sie sich auch in diesem Rahmen wirkungsvoll anwenden lassen.

Die Bilder, die ich in diesem Buch zeige, stammen daher einerseits aus unseren Kursen, andererseits aus dem Malatelier. Später kam Ueli Bachmann dazu, der mich in vielen Gesprächen zu Klarheit und Konsequenz herausgefordert hat.

Ob in den Kursen mit Dir, im Bearbeiten von Träumen im

Malatelier, oder in Gesprächen mit Ueli, immer kommen neue Erkenntnisse und auch neue Fragen dazu. Was ich hier berichte, ist deshalb bloss eine Art «Postkarte von unterwegs».

Ich kann heute über das Thema «Träumen und Malen» schreiben, weil Du diese Arbeit angeregt und mit mir zusammen entwickelt hast, und ich möchte an dieser Stelle meinen Dank und meine Verbundenheit zu Dir ausdrücken.

Herzlich, Bettina

II. Träumen, Malen und Therapie

«Die Kunst hat keineswegs den Anspruch, die Welt zu verändern, sie verändert vielmehr unsere Wahrnehmung von der Welt.»
Johannes Holler

Um uns und die Welt zu verstehen, brauchen wir Modelle, Weltbilder, Theorien. Unsinn wäre es, sich in Diskussionen zu verstricken, welche Modelle wahr sind und welche nicht; denn die Wahrheit ist wie eine Säule, es gibt zu jeder Zeit eine verborgene Seite von ihr.

Mein Arbeiten mit Träumen ist ständig im Wandel. Was ich hier darlege, ist ein Bericht von unterwegs.

Ich möchte meine Erfahrung von Malen und Träumen mit den verschiedensten theoretischen Metaphern erläutern, die in der Praxis nützlich sein können. Letztlich kann ich Sie aber nicht davor schützen, das hier Dargelegte einmal selber auszuprobieren; denn nur Ihre eigene Erfahrung gilt.

A. Therapie und der Anspruch auf Glück

Eine dreissigjährige Frau kommt in meine Praxis. Sie wäre nicht gekommen, hätte sie keinen Parkplatz gefunden. Wäre ich in dem Moment nicht da gewesen, hätte ihr der Mut, ein zweites Mal anzuklopfen, gefehlt. Sie sah eingefallen aus, sprach leise, Farbigkeit fehlte ihr. Diagnose: ihr Leben war freudlos.

Nur innere Not rechtfertigt eine Therapie, nicht Sorgen. Es braucht die Einsicht, dass man ganz allein nicht weiterkommt. Und ein genügend starkes Verlangen muss vorhanden sein, durch Gedankenaustausch mit jemandem zu Lösungen zu kommen, um das Leben besser zu meistern.

Den Wunsch nach Lebensfreude nehme ich ernst. Er entspringt dem gesunden Kern des Menschen, der inneren Kraft, die bis jetzt das Überleben gewährleistet hat. Therapie ist Zusammenarbeit mit dem Gesunden im Menschen.

Therapie bezweckt nicht bloss eine Veränderung der Situation, da durch die Lösung eines Problems nur ein neues entsteht. Therapie ist Erweiterung. Je mehr Haltungs- und Handlungsmöglichkeiten zur Verfügung stehen, je vielfältiger und kreativer den Gegebenheiten des Lebens begegnet werden kann, desto weniger ohnmächtig und ausgeliefert fühlt man sich.

B. Therapie und Traum

Träume verstehe ich als die täglich erscheinende Zeitung der Seele. In der Nacht werden alle wichtigen Meldungen zusammengetragen und in eine vermittelbare Form gebracht. Geneigte Leser werden die Mitteilungen verstehen und sie in den kommenden Entscheidungen berücksichtigen.

Sämtliche Traumbilder, ob sie nun stehend sind oder bewegt, lang oder kurz, ob lediglich aus einer Farbe oder einem Gefühl bestehend, alle sind wichtig, und mit allen lässt sich arbeiten.

Eine Frau träumte von einem Hemd. Durch die Beschreibung des Hemdes und das Erfinden seiner Geschichte (es stellte sich im Gespräch heraus, dass es ein hellblaues Herrenhemd war, frisch aus der Wäscherei), konnten wir der Aussage des Traumes näherkommen.

Für die Traumarbeit sind keine langen, zusammenhängenden Geschichten nötig. Manche Leute behaupten zwar, sie hätten nicht geträumt, wenn sie nur kurze Bilder hatten; ellenlange Epen sind aber eher verwirrend als klärend. Sinnvollerweise widmet man sich nur einem kleinen Teil. Am nächsten Tag erscheint sowieso eine neue Ausgabe der Zeitung.

In jedem Traumteil nämlich ist das ganze Anliegen des Traumes, wenn auch manchmal unschärfer, enthalten. Wir sind also für die Traumarbeit bei weitem nicht auf ‹wichtige› oder ‹ausdrucksstarke› Träume angewiesen.

Bei der überragenden Differenziertheit unseres Hirnes nehmen wir ständig Informationen auf, ohne uns dessen bewusst zu sein. Im Traum verarbeiten wir auch das, was wir unbewusst aufgenommen haben, und wählen daraus für uns Wichtiges oder Unerledigtes.

Wolfgang Leuschner hat in einem Experiment aufgezeigt, dass wichtige Elemente eines Bildes, das der Testperson nur acht Millisekunden vor dem Einschlafen vorgeführt wurde, signifikant, sowohl in den formalen, wie in den inhaltlichen Elementen des darauffolgenden Nachttraumes vorkamen.

Demzufolge verfügen wir im Traum über eine weit grössere Informationsfülle zu einem Problem als im Wachzustand. Es kann daher nicht überraschen, dass wichtige Entdeckungen – wie die Entdeckung des Benzolringes, der die Grundlage für die gesamte organische Chemie bildet –, wichtige Entscheidungen – wie die politische Entscheidung Bismarks, die wesentlich zur Konsolidierung des Deutschen Reiches beitrug – und sogar wichtige künstlerische Werke – wie die ‹Teufelssonate› des Violinvirtuosen Giuseppe Tartini – auf Grund von Träumen entstanden sind. Auch im Alltag können Träume, die ernst genommen und verstanden wurden, Wegweiser zu wichtigen Entscheidungen, neuen Aspekten, aber auch zu lange Zeit Vernachlässigtem sein.

C. Therapie und Malen

Im täglichen Leben verwenden wir viel Energie darauf, so zu erscheinen, wie wir sein möchten. Viele, die zum erstenmal bei mir malen, brauchen Goldgelb, Orange und Braun in weitschwingenden, bogenartigen Formen und achten dabei auf Ausgewogenheit. Sie meinen, mich damit überzeugen zu können, dass sie warmherzige, harmonische Menschen seien. Sie meinen, mir beweisen zu müssen, dass sie schon erreicht haben, was sie werden möchten.

Vorurteile, Meinungen, Befürchtungen schränken unseren Lebensraum ein. Durchs Malen erhalten wir ein Bild unseres Seinszustandes, der eben kaum je so ausgeglichen ist, wie wir es gerne hätten. Gerade in dieser Unausgewogenheit liegt aber unsere Chance für stetigen Wandel.

«Wir haben gesehen, dass spontane Selbst-Organisation vor allem dann auftritt, wenn das System weit weg vom Gleichgewicht, offen, nicht-linear ist, mit einem hohen Grad von Rückmeldung.» *(Paul Davies)* Ja, *Ilya Prigogine* sagt sogar, dass Ungleichgewicht die Quelle der Ordnung sei.

Ist Ordnung möglicherweise auch die Quelle des Chaos?

Je grösser die Differenz zwischen dem, was wir im Bild über uns erkennen und unserer ursprünglichen Auffassung von uns selber ist, desto wirksamer kann Einsicht sein:

Beispiel

Anna malt das Bild einer Höhle. Eine Frau steht davor. Die Höhle ist von Möbeln und anderen aufbewahrten Dingen völlig überfüllt. Unter den Sachen gibt es auch eine kleine Schatztruhe.

Bettina: «Was ist denn nun wichtig unter all diesem Zeug?»

Anna: «Die Schatztruhe.»

Anna ist unglücklich über dieses Bild. Die vielen Details sind ihr zuviel. Nachdem wir geklärt haben, was für sie wesentlich ist, was davon sie noch wirklich will, übermalt sie alles, bis auf die Schatztruhe.

Bild 1

Aber Anna scheint weiterhin unglücklich. Alles auf dem Bild sei so steif.

Bild 2

Bettina: «Was machst du denn, wenn du einen Schatz findest?» Anna versucht, die Figur etwas nach vorne zu beugen.

Anna ist nach wie vor unglücklich mit dem Ausdruck der Frau. Sie beklagt sich, sie sei immer noch steif.

Bettina: «Sie ist immer noch steif – was müsste die Frau machen?»

Anna wird wütend, übermalt die ganze Figur sehr schnell, malt sie neu, aber der gewünschte Ausdruck gelingt nicht.

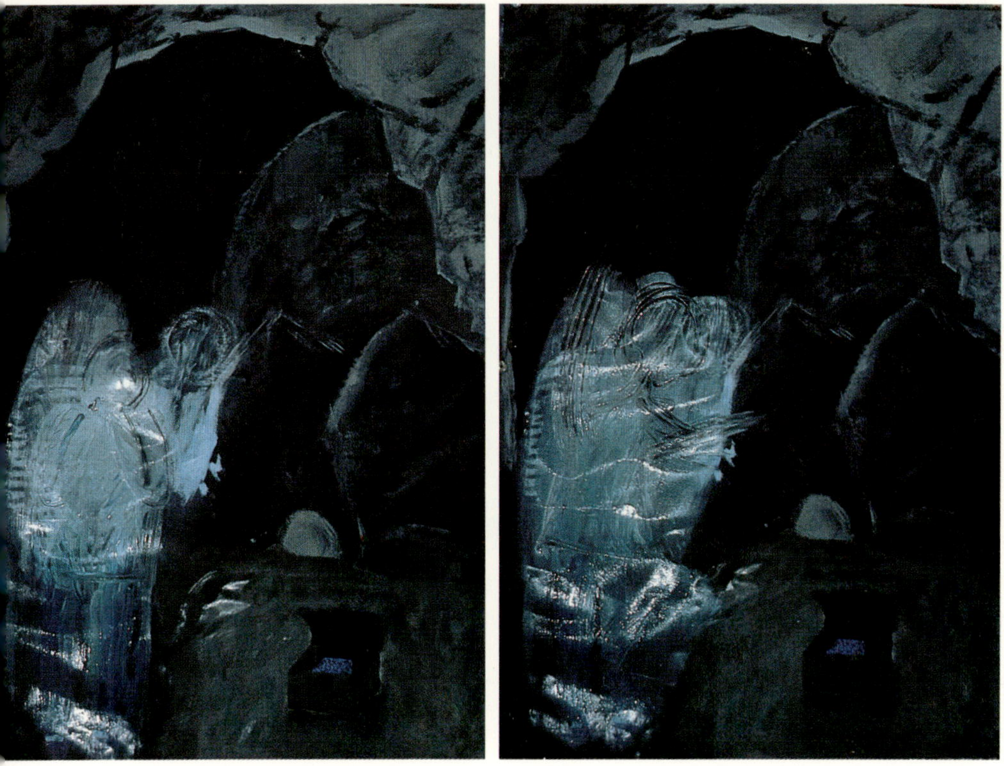

Bild 3
Anna kommt einfach nicht weiter. Sie beklagt sich bei mir und deutet an, dass ich schuld sei, wenn das Bild nun praktisch im Eimer sei.

Ich fühle mich unbehaglich, weil ich möglicherweise ja wirklich schuld am Desaster bin: «Kratze mit den Fingern die Bewegung, die die Figur macht, geh ganz in die Bewegung.»

Bild 4
Plötzlich findet Anna die Bewegung und kann das Bild ganz leicht fertigstellen.

Bild 5
Sie ist nun sehr glücklich über das Bild und spürt endlich das Gefühl intensiver Freude, das ja zu ihrer gegenwärtigen Lebenssituation passen würde (sie hatte soeben einen neuen Freund, einen neuen ‹Schatz› gefunden und das bis zu diesem Moment gar nicht richtig wahrgenommen).

Mit Gesprächen wären wir möglicherweise zum selben Punkt gekommen, vielleicht aber auch nur zur Einsicht, dass sie sich einfach nicht richtig freuen kann, dass sie dabei steif bleibt und das Wesentliche, das Freude an und für sich bringt, unter all ihren Wenn und Abers untergeht. Das alles wusste Anna schon.

Neu und wichtig war aber, mit ihrem Gefühl effektiv in Kontakt kommen zu können, die Freude wirklich zu spüren, um es dann ins tägliche Leben hinüberzutragen.

Auf die soeben beschriebene Art Bilder malen ist wie träumen. Die Bilder entstehen zwar aus einer ursprünglichen Idee, entwickeln sich aber nicht nach einem Plan.

Ihr Ausgang ist völlig unvorhersehbar und dennoch sehr präzis.

D. Die Zusammenarbeit am Bild

Die Arbeit am Bild ist immer eine Zusammenarbeit im Kontakt-Dreieck Malende, Maltherapeutin[1] und Bild. Begleitetes Malen kann also nicht allein, zu Hause, durchgeführt werden.

Um diesen Punkt entbrennen oft heftige Diskussionen, ob und wie weit eine Maltherapeutin ins Geschehen und in die Entstehung eines Bildes eingreifen soll. Entsteht durch die Intervention eine Verfälschung, oder kann gerade durch das Einmischen etwas entstehen, das die Malende sonst nicht hätte zulassen können?

In einem Experiment wurde untersucht, inwiefern ein Mensch nachvollziehen kann, was ein anderer spürt. Der mexikanische Neurophysiologe *Jacobo Grinberg-Zylberbaum* und seine Mitarbeiter liessen zwei Versuchspersonen solange miteinander kommunizieren, bis beide das Gefühl hatten, sie hätten eine Beziehung aufgebaut. Dies dauerte 30 bis 40 Minuten. Dann

1 Ich werde durch das ganze Buch die weibliche Form für die Maltherapeuten und -therapeutinnen und für die Malenden verwenden, da ich selber eine Frau bin und meistens mit Frauen arbeite. Natürlich gilt was ich sage ebenso für Männer, und ich hoffe insgeheim, dass sich mit der Zeit auch immer mehr Männer um diese Form des Malens kümmern werden.

setzten sich diese Versuchspersonen in zwei voneinander getrennte Faraday'sche Käfige.[1] Ohne dass es der andere wusste, wurde das Hirn der einen Versuchsperson durch ein flackerndes Lichtsignal stimuliert. Die Reaktion des Hirnes auf dieses Signal wurde mittels eines EEG[2] aufgezeichnet. Solange die beiden Versuchspersonen ihre direkte Kommunikation aufrechterhielten, zeigte sich auf dem EEG der nicht stimulierten Versuchsperson eine Hirnaktivität, die derjenigen der ersten Versuchsperson sowohl in bezug auf die Form, wie auf die Stärke, verblüffend ähnlich war. Das heisst, als Malleiterin kann ich in Resonanz zur Malenden gehen, kann tatsächlich verstehen, was in ihr vorgeht. Diese Resonanz ist die Grundlage für meine Interventionen.

Ich gehe davon aus, dass die Malenden nicht zu mir gekommen wären, dass sie sich nicht meiner Belästigung ausgesetzt hätten, wenn sie allein eine Lösung gefunden hätten.

E. Die Bedeutung der Träume und der Bilder

Immer wieder fragen mich Malende, was ihre Bilder oder Träume denn bedeuten könnten, weil sie automatisch annehmen, dass ich aus fertig gemalten Bildern oder Träumen Rückschlüsse auf den Charakter der Malenden ziehen und gültige Aussagen über sie machen würde. Gerade das kann ich nicht.

Jeder Mensch ist einmalig, ein hoch komplexes System. Und ebenso hoch komplex und offen, mit einem hohen Grad von Rückmeldung und einzigartig ist jeder Malprozess. Komplexität ist die Norm, Einfachheit die Ausnahme.

1 Ein durch Metallgitter begrenzter Raum, der alle elektromagnetischen Signale ausschliesst.

2 EEG = Elektroencephalogramm = Automatische Aufzeichnung der elektrischen Ströme des Hirns

Denken wir dabei nur an ein Kartenspiel. Die Chance, dass wir durch Mischen eine einfache Ordnung erhalten, ist unendlich klein.

Wir können bei einem derart komplexen System wie dem des Menschen oder bei einem so komplexen Prozess wie dem des Malens niemals genügend Fakten sammeln, um einen aussagekräftigen statistischen Wert zu erhalten. Ausserdem ist jede Statistik auf einer Mehrheit und auf Hochrechnungen aufgebaut, und wir wissen nie, ob wir es nicht gerade jetzt mit jemandem der Minderheit zu tun haben. Daher ist jede Art von Rückschlüssen vom Bild auf die Malende unzulässig, und es gibt auch keine Möglichkeit, eine Entwicklung vorauszusagen. Und wenn das zu untersuchende System schon einzigartig ist, muss jede statistische Voraussage irrelevant sein. Weder geträumte noch gemalte Bilder können auf Grund irgendwelcher Symbole interpretiert werden. Es geht vielmehr darum, das Bild im Entstehen zu begleiten, ihm zu seiner Vollständigkeit zu verhelfen.

Während des Malens begleite, unterstütze und konfrontiere ich die Malenden in ihrem Suchen, Herantasten. Wenn das Bild fertig ist, braucht es kein weiteres Gespräch darüber. Es gibt keine Abkürzung durch Erklärungen; nur was gemalt ist, ist gemalt. Was nicht gemalt ist, ist nicht gemalt, und das Bild ist genau so, wie es gemalt ist, nicht anders.

Ich habe erfahren, dass Bilder immer präzis gemalt werden können, dass diese Präzision nicht vom vermeintlichen Können oder Nichtkönnen der Malenden abhängt. Eine talentierte Malende, die eine fertige Kunstausbildung hinter sich hat, sagte: «Ich wollte eine Epaulette auf die Schulter malen. An sich kein so schwieriges Unterfangen. Aber es ging nicht, es entstand einfach dieser Kopf.» Und eine Malende, die seit der Primarschule keinen Pinsel mehr angerührt hat: «Ich kann es kaum glauben, aber genau so sieht mein Sohn aus!»

Ich glaube dem Bild so wie es ist, auch wenn es unbekannt, unpassend, reizbar und vor allem überraschend ist. Oder vielleicht gerade dann. Nicht was gewünscht wird, ist Tatsache, sondern was gemalt wird. In dieser Therapieform lernen die Malenden nicht zu malen, was sie wollen, sondern zu wollen, was sie malen. Die Hand führt, nicht der Gedanke.

1. Die Aufgabe der Maltherapeutin

Die Maltherapeutin hat die Aufgabe, das Bild zu unterstützen, sie ist die Bildhebamme. Sie weiss mit den Ängsten während der Bildgeburt umzugehen, weiss, wann es schnell, wann es langsam gehen muss. Für sie gibt es nichts Falsches, es gibt nur, was es gibt. Sie bildet sich keine Urteile, kennt den Prozess und hat selber keine Angst, obwohl auch sie manchmal in Aufregung gerät. Das Augenmerk liegt mehr auf dem Bild als auf der Malenden. Es geht vor allem darum, dem Bild zur physischen Existenz zu verhelfen.

Immer entsteht etwas, das ganz neu, unvorhersehbar ist. Ein Kind gleicht zwar der Mutter, es hat aber auch ursprüngliche, eigene Eigenschaften. Genau so kommt das Bild zwar aus der Malenden, ist aber weder sie selber, noch ist es ein genauer Spiegel von ihr. Das Bild ist immer mehr, als wir verstehen können, und auch es trägt Ursprüngliches, Eigenes in sich, das es der Malenden gegenüberstellt. Es ist überheblich zu denken, dass wir, die Malenden, selber das Bild sind. Seine Kraft stirbt ab, wenn wir uns dauernd ins Bild hineinprojizieren. Nur wenn das Bild mit einer gewissen Distanz, mit Respekt gemalt wird, wird es sich hervorwagen, und dann wird sich die Malende getrauen, es fertigzumalen.

Stellen Sie sich vor, ein Bild sollte gemalt werden, das eine Person darstellt, der die Hand abgehackt wird. Wenn Sie nun der Auffassung sind, Sie selber seien immer die Person, die Sie malen, dann können Sie ein solches Bild nur unter grösster Angst zulassen. Sie werden sich die schlimmsten Gedanken darüber machen, was das wohl bedeuten könnte, und das wird

Ihre Angst noch vergrössern. Angst hat jedoch noch nie zu erweiterter Erkenntnis geführt.

Wenn Sie das Bild dieser Person aber aus Distanz malen und ohne es durch Ihre Identifikation zu trüben, kann es sich entfalten, und in Ihnen können die verschiedensten Gefühle entstehen: Wut, Aggression, Rache, Genugtuung, Ohnmacht und Macht, Trauer, Mitgefühl ... Gefühle eben, die sehr wohl etwas mit Ihrer momentanen Situation zu tun haben können. Damit Sie aber zu diesen Gefühlen kommen, muss das Bild zuerst unverfälscht Gestalt angenommen haben und fertig gemalt sein.

2. Rhythmus

Um zu tieferen Erfahrungen durch Malen zu kommen, muss regelmässig gemalt werden. Es spielt dabei keine Rolle, ob es wöchentlich, jeden Tag während einer gewissen Zeit oder monatlich getan wird. Wichtig ist nur, dass sich mit der Zeit ein Gefühl der Kontinuität einstellt. Regelmässigkeit entlastet vom Druck, dass gerade dann etwas erlebt werden müsste, wenn einmal gemalt wird.

Die Natur hat sich in den Jahrmillionen ihrer Existenz in immer differenzierteren Strukturen entwickelt – aus einigen einfach kombinierten Atomen in eine überwältigende Vielfalt von Materialien und Lebewesen. Der menschliche Geist ist von derselben kreativen Kraft bestimmt, die ihn dazu drängt, sich in immer differenzierteren Strukturen zu organisieren. Wer sich diesem kreativen Fluss widersetzt, blockiert sich.

Therapie im Allgemeinen und Malen im Besonderen soll die Kreativität vom Geröll der Angst befreien und die Wahrnehmung erweitern. Wie immer Therapie angegangen wird, eine Wahrnehmungserweiterung kann nur durch eine effektive Veränderung der Hirnstruktur herbeigeführt werden und diese Veränderung des Hirns nur durch gerichtete Aufmerksamkeit. Wenden wir uns daher zuerst den Funktionen des Hirns zu.

III. Bild und Hirn

«Sei bestrebt, etwas über alles und alles über etwas zu lernen.»
Thomas Henry Huxley

Wenn ich, in bezug auf meine Beobachtungen zum Malen von Träumen, etwas zur Hirnforschung äussern möchte, dann kann das nur mit Vorsicht geschehen. Je mehr ich darüber gelesen habe, desto grösser wurde mein Respekt vor dieser grauen Substanz und denen, die sie erforschen. Es bedarf hier deshalb einer Erklärung, warum ich überhaupt darüber etwas sagen will.

Alle Bilder entstehen im Hirn, ob es sich um Träume, Bilder oder Abbilder und Illustrationen handelt. Dennoch gibt es zwischen diesen drei Arten von Bildern markante und bedeutende Unterschiede, die, wie wir später feststellen werden, für die Methodik des begleiteten Malens entscheidend sind. Ich stelle mir daher die Frage, ob es Hinweise gibt, die den Unterschied zwischen diesen Bildern auf unterschiedliche Orte oder Prozesse im Hirn zurückführen.

Dabei stellte sich mir gleich die erste Schwierigkeit: Wir können im Hirn zwar die elektrischen und thermischen Vorgänge beobachten, wir können auch später das gemalte Bild sehen, aber was sich dazwischen abspielt, wie die Bilder im Hirn entstehen, die Träume und die individuellen Erfahrungen, das entzieht sich der direkten Beobachtung. Der Traum und die Erfahrung können nur indirekt, nachträglich und mittels nach innen gerichteter Rückbesinnung beobachtet werden. Sie brauchen, um untersucht zu werden, die Übersetzung in eine Form (Erzählung, Bild). Diese Übersetzung geht durch den persönlichen Filter des Menschen. Die Erfahrungen und Bilder werden allerdings automatisch so gestaltet, dass keine Unverträglichkeit mit vorhandenen Auffassungen entsteht. Was die Wissenschaftler am Schluss zu sehen bekommen, ist daher immer eine persönliche Interpretation des Prozesses und nie die direkte Erfahrung selbst. *John Eccles*: «Sogar das vollständigste wissenschaftliche Bild unserer bewussten Erfahrung muss notgedrungen ein blosses Abbild bleiben und kann nicht die Erfahrung selbst sein.»

A. Bild und Illustration

Traumbilder werden erinnert, können aber nicht direkt beobachtet, sondern müssen irgendwie vermittelt werden. Meistens werden Träume erzählt, das Traumbild wird mit Worten beschrieben. Diese Worte lösen in den Zuhörenden wiederum Bilder aus. Um diesen Umweg und die damit verbundenen Fehlerquellen zu vermeiden, wurden Träume immer häufiger auch gemalt, weil sichtbare Bilder möglicherweise bessere Vermittler der Traumerfahrung sind als Worte.

In meiner Arbeit konnte ich beobachten, dass es zwei sehr verschiedene Arten von Bildern gibt, um Träume zu malen: die Illustration (das Abbild) und das metaphorische Bild. *Illustrieren* heisst ‹erläutern, mit Bildern versehen›. Es hängt auch zusammen mit ‹verschönern, aufklären, beleuchten›. Alle Bedeutungen des Wortes weisen darauf hin, dass etwas bereits Bekanntes erklärt oder sichtbar gemacht werden soll. Im Gegensatz dazu ist die älteste Bedeutung des Wortes *Bild* ‹Vorbild, Muster›. Dem Wort *Bild* zugehörig sind sowohl ‹ungemäss, ungerecht› wie ‹passend, angemessen› (Kluge). Das Wort *Bild* hat also nichts mit Beschreibung zu tun, sondern ist die Sache selbst, eine Sache, die auch das Gegenteil in sich birgt.

Das Enthalten vom Gegenteil ist für die Seele von höchster Bedeutung. Eine Illustration des Wortes *Wachstum* z.B. durch flammend nach oben gerichtete grüne Formen (Illustration) bleibt leer. Das Bild eines Baumes jedoch ruft nach einer Entscheidung der Jahreszeit, es trägt Grünen und Absterben in sich.

Demzufolge ist die Illustration eine Aufzeichnung dessen, was man im Traum gesehen hat, während das metaphorische Bild das Traumgeschehen quasi nach aussen stülpt, den Prozess weiterführt und ihn somit beobachtbar macht.

Wenn Leute *Bilder* malen, sind sie mit dem Bild selber beschäftigt: sie kümmern sich um die Geschichte, die im Bild abrollt, um das Auftragen der Farbe auf das Papier, um die Stimmigkeit *innerhalb* des *Bildes*.

Wenn Leute *Illustrationen* herstellen, sind sie vor allem mit sich selbst beschäftigt, mit dem Sichtbarmachen dessen, was sie denken, mit der Übereinstimmung des Gemalten mit ihren Gefühlen, mit der Bedeutung der Farben.

Obwohl beide Prozesse mit ‹Malen› bezeichnet werden, haben sie für mich wenig Gemeinsames, auch wenn sich die beiden Prozesse manchmal überschneiden.

Um Träumen auf die Spur zu kommen, müssen sie in Bilder umgesetzt werden, nur so enthüllen sie uns ihren tieferen Sinn. Illustrationen sind Kommunikation für den Betrachter und daher in ihrer Aussage sehr beschränkt. Diesen Unterschied wirklich zu sehen ist nicht einfach.

In einem Ausbildungskurs wollte ich den Unterschied zwischen Bild und Illustration für meine SchülerInnen erfahrbar machen:

1. Ich gab allen SchülerInnen den Auftrag, sich eine Situation auszudenken, die sie im Moment beschäftigt. In diesem Experiment gingen wir also von einem Problem aus, über das wir mehr wissen möchten, damit wir besser damit umgehen können.

2. Nun bat ich sie, sich für diese Situation ein Symbol auszudenken. Dieser Vorgang ist typisch für die Illustration. Man nimmt seine Gedanken und Gefühle zu einem Thema wahr und setzt sie in Formen und Farben um.

Es war auffällig, dass die Symbole schnell ausgedacht und gemalt waren (etwa 10 Minuten) und dass die Farben meist relativ dünn aufgetragen wurden, wodurch die Bilder etwas oberflächlich wirkten. Ebenfalls fehlte vielfach ein Hintergrund. Die fertigen Illustrationen luden nicht zum Verweilen ein, und die Malenden trennten sich schnell wieder von ihnen.

Beispiel

Bild 1
Barbara fühlte sich an der Schule, an der sie mit behinderten Kindern arbeitet, von allen Seiten bedroht. Sie musste sich ständig wehren und setzte sich nicht durch. Auf diesem Bild drückte sie ihre Situation aus: sie selber als Kreis in der Mitte, die Bedrohung von aussen als Pfeile auf sie zu.

Als wir über diese Art gemalter Bilder sprachen, fanden wir, dass die Illustration das Problem zwar genau darstelle, dass aber nichts Neues darüber zu erfahren sei. In gewisser Weise hatte sich nur das Bewusstsein verstärkt, dass diese ungelöste Situation tatsächlich besteht. Damit hatten die Malenden ihrem Hirn von neuem eingeprägt, dass es so ist, wie es ist, und dass es keine Lösung dafür gibt. Die Stimmung im Atelier war dementsprechend ziemlich hoffnungslos.

3. Um zu einem metaphorischen Bild desselben Problems zu kommen, stellte ich die folgende Frage: «Wenn deine Situation ein Tier oder eine Landschaft wäre, was würdest du malen?» Bei dieser Frage hat die Maltherapeutin darauf zu achten, dass wirklich ein Tier für die gesamte Situation und nicht für die einzelnen Beteiligten (z.B. mein Mann ist ein Löwe, ich bin eine Maus) gefunden wird, sonst werden die Tiere wiederum zu Symbolen. Wenn diese Denkart schwer fällt, kann ich die Malenden bitten, Eigenschaftswörter für die Situation aufzuzählen (bedrückend, zäh, unfassbar), damit ein Tier gefunden wird, auf das diese Eigenschaftswörter passen (z.B. Qualle). Oft kam den Malenden in Sekundenschnelle ein Tier in den Sinn, das sie dann jedoch als nicht zu der Situation passend empfanden. Ich bat sie, gerade diesem Tier dennoch eine Chance zu geben, es zu malen und gleichzeitig die Situation nun zu vergessen. Wenn das Tier gemalt ist, vorzugsweise mit den Händen, fängt die Malende an, sich mit der Umgebung des Tieres zu beschäftigen, herauszufinden, wo es ‹stattfindet›. Dazu gehören Tatsachen wie Tageszeit, Jahreszeit, der Ort, wo sich das Tier im Moment aufhält, und allenfalls, wie es dorthin gekommen ist. Nun ist es wiederum wichtig, dass die Tiere nicht in eine vom Wunsch geleitete Lage manipuliert werden. Wenn sich ein Tier z.B. in einer Höhle befindet, soll es so gemalt werden. Auch wenn die Malende gehofft hatte, dass sie sich selbst nicht mehr so zurückzieht. Erst dann kann völlig Unerwartetes geschehen. Dasselbe gilt für die Landschaft:

Bild 2
In diesem metaphorischen Bild zum gleichen Problem wählte Barbara eine Landschaft. Während sie malte, wurde der Himmel zum überschäumenden Meer, die Wiese zum Damm. Plötzlich erkannte sie, dass der Damm oben zwar noch intakt war, dass aber an seiner Basis das Wasser langsam durchbrach. Dieses Bild machte Barbara klar, dass die Situation unterschwellig viel bedrohlicher war, als sie es ahnte, und dass sie unverzüglich handeln musste. Diese Dringlichkeit war aus dem Symbolbild nicht spürbar gewesen.

Die SchülerInnen haben den symbolischen und den metaphorischen Prozess als eklatant unterschiedlich empfunden, sowohl was das Malen betraf, wie die Einsicht in ihre Situation. Durch das metaphorische Bild ergab sich bei jeder Malenden ein völlig neuer Aspekt ihrer Situation, der vorher nicht beachtet wurde und der zu neuen Möglichkeiten führte.

Gibt es nun im Hirn eine Erklärung für diese zwei Arten von Bildern oder nicht?

B. Das bildende Gehirn

Untersuchen wir vorerst einmal, welche Prozesse im Hirn ablaufen; denn alles, was wir erkennen, erfahren, sehen, wissen, fühlen, spüren, hören, denken, hat mit dem Hirn zu tun. *Karl Pribram* sagt: «Deshalb sind die wirklich fundamentalen Eigenschaften des Universums vielleicht mentaler und nicht materieller Natur.»

Untersuchungen haben gezeigt, dass nur 10% dessen, was im Hirn passiert, verbale Prozesse sind. Ein grosser Teil vom Rest sind Bilder. Wenn wir uns also nur auf das Verbale verlassen, schliessen wir 90% unseres Wissens aus. Um wichtige Lebensentscheidungen weise zu treffen, sind wir aber auf diese 90% nonverbaler Informationen angewiesen, und Bilder spielen eine wichtige Rolle in der Vermittlung dieses Wissens.

Bilder stehen zwischen Ahnen und Nichtwissen. Sie sind die Brücke zwischen den Vorgängen, zu denen wir den Zugang nicht kennen, und dem Bewusstsein. Ganzheitliche Prozesse können deshalb am besten in Bildern erfasst werden, weil sie die Gleichzeitigkeit erhalten. Danach können die Bilder mit Worten beschrieben und somit in das verbal Bewusste, ins Denken gehoben werden. Das Bild bestimmt also, was wir als Wirklichkeit anerkennen; die Bilder, die wir uns machen, sind unsere Wirklichkeit. Deshalb wurden wir schon früh (im Alten Testament) davor gewarnt, uns ein Bildnis zu machen. Die Bilder geben uns zwar eine Erklärung, legen uns aber gleichzeitig fest und machen uns blind für Veränderungen. Wenn wir unser Bild ändern, ändert sich unsere Wirklichkeit. Die Wirklichkeit ist demnach eine Frage des Vorstellungs- und Denkvermögens, letztlich der Hirnstruktur.

C. Das zweigeteilte Hirn

Seit langem kennt man den Unterschied zwischen der rechten und der linken Hirnhälfte. Durch die Untersuchungen von Patienten, denen der verbindende Balken (Corpus Callosum) zwischen den zwei Hirnhälften durchgetrennt wurde, stellte man fest, dass beim Rechtshänder die linke Hälfte etwas mit linearen, in der Zeit ablaufenden Denkprozessen zu tun hat, die rechte eher mit ganzheitlichen, gleichzeitigen Wahrnehmungsprozessen. Zudem fand man heraus, dass die gespeicherte Information in den zwei Hälften durchaus nicht dieselbe sein muss.[1] Die beiden Hirnhälften wurden immer differenzierter kartographiert, und man weiss heute ziemlich genau, welche Fähigkeiten an welchem Ort im Hirn gesucht werden müssen. *Sally Springer* und *Georg Deutsch* stellten z.B. in der rechten Hirnhälfte eine überragende visuospatiale Fähigkeit fest. Auf Grund solcher Forschungsarbeiten wurde gefolgert, dass das ‹Sich-Bilder-Machen› und die Umsetzung davon, das Malen, vornehmlich Tätigkeiten der rechten Hirnhälfte seien. *Betty Edwards* hat in ihrem Buch «Garantiert Zeichnen lernen» diese Ansicht, etwas vereinfachend, zum Allgemeingut gemacht.

Je länger jedoch geforscht wurde, desto weniger konnte man Fähigkeiten ausschliesslich mit bestimmten Orten im Hirn verknüpfen. Besonders die unglaublichsten Vorkommnisse in der Rehabilitation verunsicherten die Wissenschaftler.

Karl Pribram war einer der ersten, der die einfache Aufteilung der Fähigkeiten in linke und rechte Hirnhälfte in Frage stellte. Er untersuchte die verschiedensten Phänomene und gelangte zur Überzeugung, dass beide Gehirnhälften zusammen auf eine ganzheitlichere Weise funktionieren müssen. Denn wie sonst könnte man sich erklären, dass Menschen mit zerstörtem Sprachzentrum wieder sprechen lernen, dass Erinnerung nur durch den Tod gänzlich gelöscht werden kann?

1 Siehe auch Egger, Bettina: *Der gemalte Schrei,* Zytglogge, Bern, 1991, S. 19

Karl Pribram nimmt in seinem holographischen[1] Modell des Hirnes an, dass die Erinnerung auf das ganze Hirn verteilt ist. Holographie ist immer Bild. Im holographischen Bild ist in jedem Teil das Ganze enthalten. Wenn ein holographisches Bild auf eine Glasplatte kopiert wird, kann man ein Stück dieser Glasplatte abbrechen, und auf diesem Teilstück ist nicht nur ein Teil, sondern wiederum das ganze Bild sichtbar; nur, je kleiner der Teil, desto diffuser das Bild.

Träume sind meiner Meinung nach solche Bruchstücke, die mehr oder weniger diffus das Ganze zeigen. Je nach ‹Blickwinkel› erscheint uns dieses oder jenes Bild aus den Interferenzmustern[2] des Hirn-Hologramms.

Das erklärt, warum ein bestimmter Geruch, eine Musik, eine Farbe ganze Erinnerungsketten in uns auslösen können. Dann folgen Bilder auf Bilder, wir durchleben alles nochmals, sind gefühlsmässig beteiligt und können lebendig erzählen.

Als eine Begründung für Phantomschmerzen[3] schreibt *Talbot:* «In einem Gehirn, das holographisch arbeitet, kann das erinnerte Bild einer Sache eine ebenso grosse Wirkung auf die Sinne haben wie die Sache selbst.» Er schliesst weiter, dass der Körper nicht zwischen einem eingebildeten Ereignis und einem realen zu unterscheiden vermag. Und *Jeanne Achterberg* meint: «Wenn man Bildvorstellungen holographisch deutet, folgt darauf logischerweise ihr allmächtiger Einfluss auf die physischen Funktionen.» *(Talbot)*

1 Ein Hologramm entsteht, wenn ein Laserstrahl in zwei getrennte Strahlen aufgespalten wird. Der erste Strahl wird vom Aufnahmeobjekt, z.B. einem Apfel, reflektiert. Dann lässt man den zweiten Strahl mit dem reflektierten Licht des ersten kollidieren. Das dadurch entstehende Interferenzmuster wird auf den Film gebannt. Siehe auch Anhang A.

2 Überkreuzung verschiedener Wellenmuster. Wenn zwei Steine nebeneinander in einen Teich geworfen werden, entsteht durch das Überschneiden der Wellenringe ein Interferenzmuster.

3 Phantomschmerzen sind Schmerzen, die ein Patient in einem amputierten Körperteil fühlt.

Auf das Malen bezogen heisst das, dass wir den Prozess auch umkehren können – wir können dem Hirn Bilder malen, an die es dann glauben wird! Warum sollen wir dem Hirn also nicht mit gemalten Bildern eine neue Vergangenheit schaffen, eine, mit der der Mensch besser leben kann?

Beispiel

Debora wuchs als älteste Tochter mit zwei jüngeren Geschwistern auf. Als die Mutter starb, war Debora knapp 14 Jahre alt, die jüngeren Geschwister 9 und 4. Automatisch wurde sie die Ersatzmutter für die Kleinen und musste auf vieles verzichten, was für junge Mädchen wichtig ist.

Heute, als Grossmutter, übernimmt sie wiederum zu viel Verantwortung für die Kleinen, ihre Geschichte wiederholt sich. Als Grossmutter hat sie aber nicht genügend Einfluss auf die Erziehung der Kinder, um die Veränderungen zu bewirken, die ihr am Herzen liegen. Differenzen in Erziehungsansichten stressen die Grossmutter wie auch die Kinder und Kindeskinder. Debora fühlt sich übermässig verantwortlich und will an diesem Problem arbeiten.

Bild 1
Zuerst bitte ich Debora, ein Portrait der Mutter zu malen, kurz bevor sie starb.

Debora ist sehr bewegt und freut sich über das Bild.

Bild 2
Dann fordere ich sie auf, eine Erinnerung zu malen, die sie hätte, wäre die Mutter am Leben geblieben.

Debora wählt den Tanz, auf den sie nicht gehen konnte, da sie die Geschwister hüten musste.

Bild 3
Anschliessend wird das Portrait der Mutter so übermalt, dass sie langsam älter aussieht.

Bild 4
Im nächsten Bild sitzen Mutter und Debora am Küchentisch, die Mutter hat eine Tasse in der Hand. Debora wünscht sich so sehr, dass ihr die Mutter diese Tasse gibt.

Bild 5
Ich ermutige sie, das Bild so zu verändern, dass dieser Wunsch in Erfüllung geht. Nach diesem Bild ist Debora wie erlöst, und ich denke, es wäre nun an der Zeit, die Mutter zu Grabe zu tragen. Debora will das aber nicht. Nun, da sie ihre Mutter endlich hat, will sie sie nicht sofort wieder verlieren.

Bild 6
Das nächste Bild entsteht, und Debora spürt plötzlich eine enorme Nähe zu ihrer Mutter. Von diesem Wiederfinden ist sie so berührt, dass sie ihr ursprüngliches Anliegen vergisst. Die Begeisterung über das Neu-gestalten ihrer eigenen Vergangenheit lässt die übermässige Einmischung in die Belange der Enkel in den Hintergrund treten. Debora kann die neu gewonnene Energie ihrem eigenen Leben zufliessen lassen.

Ich hatte jetzt also zwei Annahmen zur Arbeitsweise des Hirns: im Modell des zweigeteilten Hirns soll die visuelle Fähigkeit in der rechten Hirnhälfte, im Modell des holographischen Hirns auf das ganze Hirn verteilt sein.

Beide Vorstellungen halfen mir nicht viel weiter. Sie erklärten mir meine beiden deutlich unterschiedlichen Erfahrungen mit dem illustrativen Abbild und dem metaphorischen Bild nicht, die sich ja auch sprachlich klar unterscheiden.

Dann stiess ich auf die Untersuchungen von *Michael Gazzaniga*: Der Neuropsychologe aus den USA kommt durch seine Untersuchungen zum Schluss, dass das Vorstellungsvermögen unmittelbar neben dem Sprachzentrum in der linken Hirnhälfte lokalisiert sein muss. Wenn wir uns also einen Hund oder einen Apfel vorstellen, hat das mit der rechten, gesamtheitlich funktionierenden Hirnhälfte nichts zu tun. Gazzaniga kommt zum Schluss, dass «die linke Gehirnhälfte ein besonderes Modul besitzt, das auf die Erzeugung geistiger Bilder spezialisiert ist.» Das heisst also, dass nicht alle Bilder nötigerweise aus der rechten, gesamtheitlichen Hirnhälfte kommen müssen. Ich hatte damit den ersten Hinweis aus der Forschung, dass es tatsächlich verschiedene Quellen von Bildern im Hirn gibt: sowohl in der rechten wie in der linken Hirnhälfte! Ist das was ich *Bild* nenne womöglich ein Vorgang der rechten, was ich *Illustration* nenne ein Vorgang der linken Hirnhälfte?

Bilder, die in der visuellen Vorstellung entstehen und dann gemalt werden, sind also Illustrationen eines verbalen Gedankens, der bereits durch eine Überzeugung gefiltert wurde:

Beispiel

Claudio malt eine Axt, die einen Holzklotz mit einem Schlag zerhackt. Es ist die Illustration seiner Beziehung, die schon lange in der Krise gewesen und bei der es jetzt zur endgültigen Trennung gekommen war. Er identifiziert sich mit dem Holz und empfindet die Trennung wie einen Axthieb. Er spürt vor allem Trauer und Resignation, da er die Frau immer noch liebt. Das Bild stellt dar, was er weiss, und er fühlt sich wie das Holzscheit ohnmächtig dem Geschehen ausgeliefert. Diese Gefühle sind vor und nach der Illustration etwa dieselben, die Resignation ist eher etwas verstärkt.

Bild 1

Nun bitte ich ihn, einfach mit einer Farbe anzufangen und ohne Thema etwas zu malen. Nach einer Weile kommt ihm das Bild wie ein Urwald vor. Ich frage ihn, was es im Urwald gäbe, er sagt: «Eine Schlange.» Da fordere ich ihn auf, diese Schlange zu malen. Am Ende des Bildes ist er überrascht von der Aggressivität der Schlange.

Bild 2

Ich frage ihn, ob das etwas mit dem vorher gemalten Problem zu tun habe. Und nun kommt er plötzlich in Kontakt mit aggressiven, wütenden Gefühlen der Situation und der Frau gegenüber. Die Resignation ist vorbei, er fühlt sich erleichtert, obwohl sich an der Situation gar nichts geändert hat. Durch das Bild kommen neue Aspekte zum Vorschein, die er verbal nicht hat ausdrücken können, die ihm vorher also nicht zur Verfügung standen. Erst das Bild der Schlange, die er aggressiv nennen und mit der er sich (im Gegensatz zur Axt) identifizieren kann, macht die Kombination möglich: Schlange aggressiv – ich aggressiv.

Bilder malen ist also nicht a priori eine Sache der rechten Hirnhälfte. Es kommt darauf an, wie das gemalte Bild entsteht.

Wenn Sie ein Bild malen, das einen roten Kreis für Sie selbst, ein blaues Quadrat für Ihren Partner und einen gelben Blitz für die Beziehung darstellt, so ist das ein Erzeugnis ihrer Vorstellung, also der linken Hirnhälfte, und hat mit Bildern der rechten Hirnhälfte *nichts* zu tun. Jede Darstellung, deren *Bedeutung* (nicht deren inhaltliches Thema) *vor* dem Malen bewusst ist, ist eine Illustration und eben kein Bild.

«Denken ist eine ‹versteinerte› Art des Bewusstseins, die immer nur im Bereich des bereits ‹Bekannten› operiert und daher per definitionem nicht kreativ ist» *(Wilber)*. Noch einmal: Illustrationen bringen nichts Neues, sondern stellen das dar, was man schon weiss. Diese Art von Darstellung ist deshalb zur Bearbeitung eines Traumes nicht geeignet.

1. Die andere Seite

Das visuelle System der rechten Hirnhälfte hat, im Gegensatz zum visuellen Vorstellungsvermögen der linken Hirnhälfte, mit Ästhetik zu tun.

Gazzaniga konnte experimentell nachweisen, dass die linke Hirnhälfte allein unfähig war, schöne von hässlichen Gesichtern zu unterscheiden, die rechte Hirnhälfte diese Aufgabe aber ebenso leicht löste wie Menschen mit normalen, ungetrennten Hirnhälften.

Dabei dürfen wir Ästhetik nicht mit Harmonie oder Schönheit gleichsetzen. Ästhetik bedeutet das Erkennen einer inneren, in sich geschlossenen Stimmigkeit des Bildes.

Wenn die Malenden sich manchmal nicht sicher sind, wie sie das Bild weitermalen sollen oder ob es vielleicht fertig ist, führe ich sie auf dieses innere Wissen um die Ästhetik des Bildes zurück: «Schau dir das Bild rein vom Visuellen aus an. Wo fehlt noch etwas? Fehlt noch eine Farbe? Gefällt es dir?» Meistens merken sie sofort, ob noch etwas nötig ist, um das Bild dann zu vollenden.

Da wir uns Bilder vor dem Malen nicht vorstellen können, denn dann wären sie Illustrationen, müssen wir auf einem anderen als dem Denkvorgang an sie gelangen. Die andere Art, die uns zur Verfügung steht, ist *Handeln*. Das Bild muss gemalt werden! Dem illustrativen, abstrakten Denkvorgang stelle ich daher den bildnerischen, sinnlichen Handlungsvorgang gegenüber.

Gazzaniga ist überzeugt, dass der grösste Teil der Erfahrung nonverbal erfolgt. Er stellt fest: «Alle [Module] ausser einem arbeiten auf nonverbale Weise, so dass ihr Ausdruck nur durch sichtbares Verhalten oder durch verdeckte Aktionen erfolgt.» … «Sobald das jeweilige Verhalten ausgeführt ist, interpretiert das linkshemisphärische, sprachorientierte System das Verhalten und bildet eine Theorie über seine Bedeutung.»

Leon Festinger hat festgestellt, dass das Verhalten des Menschen mit den Meinungen über sich selbst übereinstimmen muss. Er sagt, dass der Mensch nicht in einem Zustand kognitiver Dissonanz[1] leben kann. Das heisst, die Erklärung einer Handlung, z.B. eines gemalten Bildes, darf nicht an den eigenen Werten und Überzeugungen rütteln.

Nun ist aber Wandlung nur möglich, wenn gerade diese Überzeugungen und Werte überprüft und erneuert werden. Das Ziel des begleiteten Malens ist explizit diese Wandlung.

1 Die Theorie der kognitiven Dissonanz beschäftigt sich mit der psychologischen Verfassung, in die Menschen geraten, wenn sie eine Handlung vollzogen haben und anschliessend herausfinden, dass diese Handlung ihrer Überzeugung von sich und ihrer Umwelt widerspricht oder dass die Handlung, gemessen am Resultat, nicht gerechtfertigt war.

Beispiel

Thea malt eine Steckdose an einer Wand, ein völlig unverfängliches Thema.

Bild 1

In welchem Zimmer ist diese Steckdose? Auf dem nächsten Bild entsteht ein rosa Kleid, es liegt auf einem Stuhl. Thea ist eine anständige Frau, die Atmosphäre auf dem Bild wird für sie aber ‹unanständiger›, je länger Thea malt. Thea windet sich und will das Bild nicht weitermalen, «denn», sagt sie sich, «ich kann ja nur malen, was ich auch in mir habe. Und solche Dinge habe ich nicht in mir.»

Da ich mich dem Bild verpflichtet fühle, unterstütze ich, dass Thea das Bild so weitermalt, dass es seine ‹Unanständigkeit› voll entfalten kann. Somit entsteht für Thea eine unerträgliche kognitive Dissonanz, die sie ärgerlich auf mich abwälzt: «Das male ich nur, weil du es willst.» Die Handlung wird damit wegerklärt, aus dem eigenen System entfernt.

Bild 2
Erst als das Bild fertig ist, freut sich Thea darüber. Sie hat sich aus einem Entweder-oder-Dilemma (ich bin entweder anständig oder unanständig) befreit und ihr Selbstbild zu einer Sowohl-als-auch-Wahl (ich bin anständig und kann ab und zu auch einmal ‹unanständig› sein) erweitert.

Der Wert der Überzeugung weicht dem Wert des Verhaltens. Entweder muss daher die Handlung wegerklärt oder qualifiziert werden («das male ich nur, weil du es willst», «es ist nicht immer so»), oder es geschieht eine Wandlung der Auffassung.

Die linkshemisphärische Interpretation, welche unser Verhalten bewertet, steht uns oft im Weg, wenn wir uns Neuem öffnen wollen. Da Bilder vor dieser Bewertung, Illustrationen jedoch *danach* gemalt werden, können nur *Bilder* an unseren festgefahrenen Meinungen rütteln und unsere Wahrnehmung erweitern, und weil sich das Bild aus dem gesamten Hirnbereich entfaltet, ist die ganze Erfahrung des Menschen daran beteiligt. Es kann daher nicht überraschen, dass unser Hirn nicht zwischen einem eingebildeten Ereignis und einem realen zu unterscheiden vermag. Wir dürfen das Hirn also nicht als einen lokalen Computer verstehen, sondern müssen den ganzen Körper mit einbeziehen.

Wir wissen, dass Erinnerungen durch Druck auf gewisse Körperstellen ausgelöst werden können (zum Beispiel im *Rolfing*), aber die Forschung kam auch auf dem Gebiet der Biochemie zu Resultaten, die *Candace Pert* dazu veranlassten, den Geist nicht nur im Gehirn, sondern im ganzen Körper lokalisiert zu verstehen. Und *Johannes Holler* kommt sogar zum Schluss, dass wohl eine strenge Unterscheidung zwischen Hirn und Körper in Zukunft nicht mehr getroffen werden kann.

Informationen, die wir auf einem innerlichen, visuellen Kanal erhalten, sind von unermesslicher Bedeutsamkeit sowohl für unsere Lebensentscheidungen wie für unsere seelische Entwicklung. Sie enthalten effektiv andere, dissonante Informationen. An diese Informationen können wir daher nur durch eine nichtbewertete, kreative, sinnliche, mit Vorteil visuelle Handlung, wie zum Beispiel das Träumen oder das Malen, gelangen. Wenn das ganze Gehirn das Bild dann sieht, kann das Sprachzentrum leicht das Gesehene in Worte umsetzen.

Thomas Blakeslee beobachtete diesen Vorgang bei Erklärungen von Bewegungsabläufen. Wenn wir einen guten Tänzer fragen, wie er tanzt, würde er es vorzugsweise vormachen, sich dabei beobachten und dann versuchen, es mit Worten zu beschreiben. Genauso können wir ein Bild erst beschreiben, wenn es gemalt ist; *beschreiben*, nicht erklären.

2. Fehler

Der Mensch fühlt sich dann im Einklang mit sich selbst, wenn die nonverbale mit der verbalen Information übereinstimmt. Stimmen diese beiden Informationen jedoch nicht überein, wird die bewusste (verbale) Überzeugung durch gegensätzliche, unbewusste (nonverbale) Wünsche gestört, befindet sich der Mensch in einer kognitiven Dissonanz und muss Strategien entwickeln, um diesem Zustand zu entkommen.

Dieses Verhalten kann ich beim Malen sehr oft beobachten. Wenn das Bild im Einklang gemalt wird, ist die Erfahrung beglückend, das Bild wird als ‹aus einem Guss› empfunden, als gelungen, man freut sich darüber. Bringt das Bild jedoch neue Informationen, werden diese als Fehler empfunden, das Bild ist falsch, es löst Unbehagen, Ärger, Angst aus, manchmal sogar existentielle Angst, die allumfassend ist. Werden diese Informationen jedoch von der Malleiterin als echtes Bild und als der Malenden zugehörend erkannt, kann sie mithelfen, es zu erhalten und somit dem sprachlichen und dem ganzheitlichen Verstehen zugänglich machen. Die inneren Bilder erweitern sich um ein neues Bild, und der Mensch wird dadurch flexibler, reicher und offener. Das Hirn braucht Anregungen, damit die Hirnfunktionen in Gang gebracht werden. Dies wird durch das Erleben von *Helen Keller* verdeutlicht: «Bevor meine Lehrerin zu mir kam, wusste ich nicht, dass es mich gab.»

Um Neues zu lernen, braucht es eine Zeit von Chaos im Gehirn, und das muss ertragen werden. Ohne diese chaotische Unordnung würden neue Eindrücke nicht als neu erkannt und gelernt werden. Um Neues zuzulassen, muss zuerst Unordnung, Verwirrung geschaffen werden, man muss zuerst alte Überzeugungen entlernen. Kreativität ist gefordert.

Etwas überspitzt ausgedrückt hatte ich aber immer noch nur zwei Theorien zur Verfügung, um über das Hirn nachzudenken: das bipolare Modell, ein ‹Entweder-Oder›, und das ganzheitliche Modell, ein ‹Alles-ist-Überall›.

Obwohl es in beiden Modellen eine Begründung für die Illustration und eine Begründung für das ganzheitliche Gefühl des metaphorischen Bildes gab, genügten mir diese Erklärungen noch nicht. Beinahe resigniert begann ich zu glauben, was mir alle meine Freunde immer wieder versichert hatten, dass es vielleicht wirklich keine Rolle spielt, wo das metaphorische Bild entsteht.

Dann kamen mir die Eskimos in den Sinn. Die Inuit haben sehr viele Wörter für Schnee, ihre bewusste Erfahrung von Schnee ist daher sehr differenziert. In Europa haben wir nur einige wenige Wörter; unsere Möglichkeit, über Schnee nachzudenken, ist also im Vergleich zu ihnen sehr limitiert. Vielleicht war ich vor allem deshalb am Ende, weil mir Begriffe fehlten, um über die Erfahrung des metaphorischen Bildes nachzudenken?

D. Das viergeteilte Hirn

Auf meiner Suche nach erweiterten Denkmodellen stiess ich dann auf das Hirnmodell von *Roland Spinola* und *Frank Peschanel*, das auf vier Funktionsmodi des Hirns aufgebaut ist[1]:

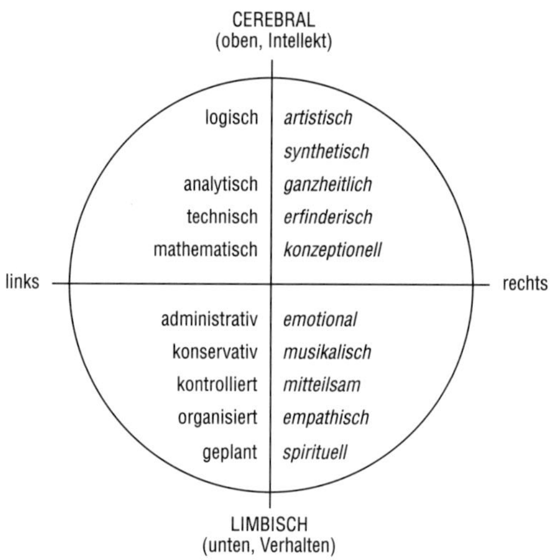

1 Illustration aus Spinola R. und Peschanel F. D.: *Das Hirn-Dominanz-Instrument (H.D.I.),* Verlag GABAL, Speyer, 1988

rational, visuell, emotional, organisiert. Kreativität hat nach ihren Forschungen nicht nur mit rechter und linker Hirnhälfte zu tun, sondern dazu brauchen wir alle vier Funktionen, das ganze Hirn.

Auch in diesem Modell des kreativen Gehirns konnte ich das metaphorische Bild nicht wirklich unterbringen, es gab mir jedoch eine erweiterte Form, um über Hirnprozesse nachzudenken. Ich begann, Vierer-Strukturen zu suchen, und fand immer nur Dreier-Einteilungen: Vergangenheit, Gegenwart, Zukunft; verbal, visuell, kinästhetisch …

Fehlt dabei die vierte Gliederung, weil sie fast nicht fassbar ist? Welches wäre diese vierte Funktion? Wäre es möglich, dass das metaphorische Bild in diese hypothetische Struktur hineinpasste?

Natürlich kommen die verschiedenen Vorgänge im gesunden Hirn nicht voneinander gesondert vor. Dennoch war das Bedürfnis, für den speziellen Vorgang des metaphorischen Bildes eine Erklärung zu finden, zu gross, um jetzt zu stoppen.

E. Heureka! Heureka?

Auf dem Modell von *Spinola/Peschanel* aufbauend leuchtete mir plötzlich ein, was C. G. Jung schon seit einiger Zeit erkannt hat: Wir haben vier Funktionen: Denken, Erinnern, mit den Sinnen Aufnehmen (Tasten, Sehen, Hören, Schmecken, Riechen), Intuieren. Wie passen Bilder und Illustrationen in ein solches Modell?

Der schottische Philosoph *David Hume* unterscheidet zwischen Eindruck und Vorstellung.

Wir können also differenzieren zwischen dem, was von aussen auf uns zukommt und dem, was wir damit machen, zwischen Empfangen und Bewerten.

Denken ist eine Form von Bewerten. Gedanken sind auf Erfahrung gestützte, zusammengesetzte, auf die Zukunft ausgerichtete Vorstellungen. C. G. Jung bezeichnet Menschen, die ihr Hirn schwergewichtig in dieser Funktion benützen, als dem *Denktypus* zugehörig.

Die unmittelbare Ausdrucksform des Denkens ist die Sprache. Wenn wir denken, brauchen wir Worte und hören uns zu. Das heisst, der Kanal des Denkens ist auditiv. Die Konsequenz des Denkens ist Verstehen.

Erinnern ist ebenfalls eine zusammengesetzte Vorstellung, nun aber die der Vergangenheit. Was Wörter für das Denken, sind Bilder für die Erinnerung. Es braucht keine Zeit, sich an etwas zu erinnern – die Bilder sind ganz einfach plötzlich da (oder eben auch nicht). Erinnerungen lösen Gefühle aus. *Fühlen* ist denn auch die Hauptfunktion eines weiteren Typus nach C. G. Jung. Der Kanal der Erinnerung ist visuell, die Konsequenz ist ein Gefühl.

Allerdings: «Wenn man sich an etwas erinnert, dann nicht an die Sache selbst, sondern nur an das letzte Mal, wo man sich an sie erinnert hat.» sagt *John Barlow*, und *William Calvin* folgert daraus: «Unsere Erinnerungen sind bisweilen formbarer als wir uns vorstellen. Jedesmal, wenn wir uns an etwas erinnern, haben wir ja die Gelegenheit, diese Erinnerung zu modifizieren.» Diese Tatsache ist von grösster Bedeutung für das Verarbeiten von Vergangenem durch Malen.

Eindrücke entstehen durch unsere fünf Sinne, durch *Spüren, Riechen, Schmecken, Sehen* und *Hören*. Handeln ist ihre materielle Ausdrucksform (wir schauen, um zu sehen), und es läuft in der Gegenwart ab. Nach neuesten Forschungen dauert die Gegenwart nur drei Sekunden. Demzufolge könnten wir das Handeln als eine Aufreihung von Drei-Sekunden-Abschnitten bezeichnen. Da das Handeln mit den Sinnen zu tun hat, entspricht diese Funktion dem Empfindungstypus von C. G. Jung.

Der Kanal der Handlung ist kinästhetisch.[1] Die Konsequenz ist eine Erfahrung.

Intuieren hat einen Bezug zu mehr als dem Individuellen. Intuition findet nicht in der Zeit statt, sie ist, wie die Erinnerung, plötzlich da und in dem Sinne zeitlos. Im Gegensatz zur Erinnerung ist sie aber ein Eindruck und gänzlich neu. Die Ausdrucksform der Intuition ist die Synchronizität. Der Kanal, auf dem wir von einer Intuition zu einer Synchronizität gelangen, ist die Analogie. Da die Analogie jedoch ebenfalls geistig ist (das Wort stammt ursprünglich aus der Mathematik), muss sie materiell durch Handeln umgesetzt werden, durch einen unserer Sinne. Intuitionen erscheinen uns daher auf allen drei Kanälen – dem visuellen, dem auditiven und dem kinästhetischen. Die Konsequenz der Intuition ist Erkenntnis. Auch bei C. G. Jung finden wir den intuitiven Typus. **Zu dieser Funktion gehört das metaphorische Bild.**

Plötzlich ist es mir nun nicht mehr so wichtig, wo genau diese Funktion im Hirn abläuft. Wie *Pribram* feststellte, sind alle Funktionen miteinander verbunden. Bedeutend ist jedoch, dass der Unterschied zwischen Bild und Illustration für mich nun greifbar, anschaulich, vernehmbar geworden ist.

1 Kinästhetisch = auf die Muskelempfindung bezogen, bewegungsempfindlich

	Denken	*Erinnern*	*Empfinden*	*Intuieren*
Zeit	Zukunft	Vergangenheit	Gegenwart	zeitlos
Kanal	auditiv	visuell	kinästhetisch	analog
Ausdruck	Sprache	Bild	Handlung	Synchronizität
Konsequenz	Verstehen	Gefühl	Erfahrung	Erkenntnis
	Vorstellung	*Vorstellung*	*Eindruck*	*Eindruck*

Das metaphorische Bild ist also die materielle Ausdrucksform der Intuition und unterscheidet sich von Erinnerungsbildern. Es geht über die persönliche Erfahrung hinaus, ist zeitlos, gänzlich neu und hat demzufolge nichts mit Vergangenheit oder Zukunft zu tun. Es ist eine Form, Eindrücke aufzunehmen, eine visuelle Analogie und nicht eine Illustration. Es führt zu Erkenntnis, ohne zu bewerten, und entsteht nicht aus Gefühlen, obwohl es Gefühle auslösen kann.

IV. Untersuchungen zu Traum und Schlaf

«Der Mensch wird geträumt.»
Michel Jouvet

Seit jeher beschäftigen Träume die Menschheit. Sind sie Heilmittel *(Immanel Kant)* oder Narrenanteile *(Gustav Fechner)*, offenbaren sie gesetzlose Arten von Begierden *(Plato),* oder sind sie wie kleine Strudel, die in Flüssen entstehen *(Aristoteles)*?

Um dem Sinn der Träume auf die Schliche zu kommen, hat sich die Forschung sozusagen in zwei Lager aufgeteilt: jene, die die Hardware des Traumes, das Gehirn, äussere Einflüsse, neurobiologische Tatsachen untersuchen, und jene, die sich für die Software, die psychischen Inhalte interessieren. Zuerst etwas zu den Hardware-Forschungen:

Es gibt zwei Arten von Träumen: Tagträume und Nachtträume. Beide haben mit Phantasien zu tun. Im Tagtraum ist das Bewusstsein des Menschen ansprechbar, während wir in der Nacht, im Schlaf, dem Traum normalerweise völlig ausgeliefert sind. Es gibt während des Nachttraumes üblicherweise keinen Platz für weitere Träumereien oder Gedanken. Diese kommen einem aber unwillkürlich nach dem Aufwachen. Hierzu eine Geschichte aus dem alten China:

«Ich, Chuang Tzu, träumte einmal, ich sei ein Schmetterling, der hierhin und dahin flatterte, in jeder Beziehung und Hinsicht ein Schmetterling. Ich war mir nur über mein Schmetterlings-Dasein bewusst und nicht über meine menschliche Existenz. Plötzlich erwachte ich und lag nun da, wiederum als das gewohnte Ich. Ich weiss jetzt aber nicht, ob ich ein Mensch war, der träumte, er sei ein Schmetterling, oder ob ich ein Schmetterling bin, der träumt, er sei ein Mensch.» *(Alexander Borbély)*

Man kann sowohl den Tagtraum wie den Nachttraum malen, beide haben eine Bedeutung für den Menschen, beide werden therapeutisch ausgewertet. In diesem Buch beschränke ich mich aber auf den Nachttraum, der während des Schlafes auftritt, und bezeichne ihn als ‹Traum›.

A. Geschichtliches

Bis 1960 waren die Theorien zur Funktion des Traums Spekulationen, die von 1895 an von der Traumtheorie *Sigmund Freuds* beherrscht wurden. Aber schon 1790 prägte *Georg Christoph Lichtenberg* den Begriff des Unbewussten. Er war von seinen Träumen fasziniert und meinte, sie seien Erinnerungen an frühere Zustände in der Entwicklung des individuellen Bewusstseins.

Der deutsche Forscher *W. Robert* bildete 1886 eine Traumtheorie, nach der der Traum der Ausscheidung von im Keim erstickten Gedanken dient. Er meinte, der Traum sei selber kein psychischer Vorgang, sondern nur die Kenntnisnahme dieser Beseitigung.

Am Ende des 19. Jahrhunderts teilte sich die Traumforschung in solche, die die physischen Grundlagen untersuchen, und solche, die die psychische Funktion des Traumes erforschten. Während Freuds Lehrer, *Sigmund Exner*, 1894 seinen «Entwurf zu einer physiologischen Erklärung der psychischen Erscheinungen» veröffentlichte, wendete sich *Sigmund Freud* selbst ab 1895 mehr der psychischen Seite der Traumfunktion zu.

Nach 1960, mit erheblich erweitertem Wissen über die Nervenfunktionen und das Hirn, und vieles mehr, wurde die rein physiologische Funktion des Traumes untersucht. Neben der Theorie, dass man durch Träume zu einer Erkenntnis kommt, gab es auch Theorien, nach denen Träume dazu dienen, das Hirn von überschüssigem Material zu säubern.

J. J. Hopfield hat in neuerer Zeit herausgefunden, dass man sich besser an Dinge erinnert, wenn zuvor ein gewisser ‹Entlernungsprozess› vorausgegangen ist. Nach seiner Meinung beinhalten Träume diesen Entlernungsprozess *(Davies)*. Auch *F. Crick* und *G. Mitchinson* zufolge, wie schon *W. Robert* hundert Jahre zuvor, liegt die Bedeutung des Traumes in einem Lernprozess in umgekehrter Richtung, sie geben aber zu, dass ihre Theorie noch im Bereich der Spekulation liegt.

B. Traum und Schlaf

Die Traumforschung zeigt, dass Träume unwillkürlich im Schlaf auftreten, ob erinnert oder nicht, und eine grosse biologische Bedeutung für den Menschen haben. Vor etwa 40 Jahren begannen die ersten Untersuchungen bezüglich der verschiedenen Schlafphasen. Seither wird zwischen Einschlafphase, REM-Schlaf[1] und Nicht-REM-Schlaf unterschieden. Früher wurde behauptet, dass Träume nur in den REM-Schlafphasen vorkämen und dass Traumentzug, der durch ständiges Wecken bei Eintritt des REM-Schlafes erzeugt wurde, zu Irrsinn führt. Heute weiss man, dass Träume in allen Phasen vorkommen, Nicht-Träumen kann also nur mit absolutem Schlafentzug gewährleistet werden. Somit kann nicht mehr abgegrenzt werden, ob dieser übermässige Stress nun auf den Entzug des Traumes oder des Schlafes zurückzuführen ist, und die Behauptung, dass Traumentzug zu Irrsinn führe, konnte nicht aufrecht erhalten werden.

1 REM = Rapid Eye Movement, eine Schlafphase, in der sich die Augen unter den geschlossenen Lidern schnell hin und her bewegen.

1. Einschlafphase

Die Träume der Einschlafphase sind kurz und oft begleitet von Muskelzuckungen, von denen man manchmal wieder aufwacht. Die Qualität der Träume (lang, heftig, mehrmals) ist leicht, die Szenen jedoch oft schwierig zu beschreiben. Wenn man weiterschläft, werden sie meistens vergessen.

Es gibt aber auch andere visuelle Phänomene in dieser Phase, die schon Ende des 19. Jahrhunderts vom *Marquis Hervey de Saint Denis* untersucht wurden.

Es sind abstrakte Grundformen, von denen man damals annahm, dass sie auf der Netzhaut des Auges erzeugt werden. Heute weiss man, dass die Entstehung dieser Muster (Bogen, Kreise, Punkte, Striche, Gitter, Zacken, Spiralen etc.) den retinalen Ganglien- und Bipolarzellen zugeschrieben werden muss.

Traummuster – Urformen beim Einschlafen nach der Theorie von Marquis Hervey de Saint Denis.

J. Eichmeier und *O. Höfer* nennen sie endogene Phosphene (dem Mensch eigene, von innen kommende Bildmuster) und stellen fest, dass sie ein neuronaler Raster sind, durch den hindurch wir die reale Welt wahrnehmen. In diesem Zusammenhang sind auch besonders die Untersuchungen von *Peter Baukus* zu erwähnen, der diese Formen in Bezug zum kunsttherapeutischen Prozess setzt. Sogar in der täglichen Sprache wird ihre Existenz bescheinigt: «Bei diesem Schlag sah ich Sterne.» Wir erkennen Phosphene auch als Urformen der Kindermalerei[1] in der Kunst und als einen unerlässlichen Bestandteil in jedem Comic.

2. REM-Schlafphase

Am häufigsten träumt man in der REM-Schlafphase. Es sind auch meistens diese Träume, an die man sich am Morgen spontan erinnert. Im Schlaflabor wurden Versuchspersonen im

1 Siehe auch Egger, Bettina: *Bilder verstehen,* Zytglogge Verlag, Bern, 1984

REM-Schlaf geweckt, um die Traumtätigkeit zu untersuchen. Solcherart geweckt erinnern sich die Versuchspersonen signifikant häufiger an den Traum, als wenn man sie am Morgen danach fragte. Daraus wurde geschlossen, dass die Augenbewegung etwas mit dem Träumen zu tun hat.

J. A. Hobson und *R. McCarley* kommen in ihren Untersuchungen zum Schluss, dass Träume das subjektive Erleben der Hirnaktivierung im Schlaf sind und dass sie der Entwicklung und Differenzierung des Hirnes dienen. Dies schliessen die Forscher vor allem aus der Erkenntnis, dass Babies ihre Zeit vor der Geburt vermutlich fast ausschliesslich im REM-Schlaf verbringen. Nach der Geburt nimmt der REM-Schlaf etwa einen Drittel des 24-Stunden Zyklus ein, während er im Alter von 20 Jahren nur noch gerade etwa 2 Stunden ausmacht. Je älter wir werden, desto mehr nimmt der REM-Schlaf ab.

Michel Jouvet, Professor für experimentelle Medizin an der Universität in Lyon, bezeichnet den REM-Schlaf als paradoxen Schlaf. Im Unterschied zu anderen Forschern versteht er den paradoxen Schlaf, in dem hauptsächlich geträumt wird, als tiefer als den mit «Tiefschlaf» bezeichneten NREM-Schlaf, denn nur im paradoxen Schlaf sind sämtliche Handlungen gelähmt. (Schlafwandeln findet daher nie während des Träumens statt.)

Jouvet stellte fest, dass das Traumbewusstsein mehr Energie zu verbrauchen scheint als das Wachbewusstsein. Da die Natur die Energie immer dort einsetzt, wo sie am nötigsten gebraucht wird, heisst das, dass der paradoxe Schlaf, das Träumen, von höchster Bedeutung für den Menschen ist.

Jouvets Untersuchungen zeigen, dass der Entzug des paradoxen Schlafes schwierige Lernprozesse stark behindern kann und dass der paradoxe Schlaf nach bestimmten Lernprozessen merklich zunimmt.

Jouvet schliesst: «Folglich ist eine zureichende Menge paradoxen Schlafs innerhalb der ersten Stunde nach dem Lernen ein entscheidender Faktor für die Stabilisierung der Gedächtnisspuren.»

Wer kennt dieses Phänomen nicht, am Abend ist das neu Gelernte noch verschwommen, am Morgen scheint es plötzlich klar! Jouvet kommt zum Schluss, dass im paradoxen Schlaf, also im Traum, eine wiederkehrende genetische Programmierung stattfindet, die das Menschsein immer wieder neu einprägt. Wenn wir also Träume durch metaphorische Bilder, die dem Traum ähnlich sind, bearbeiten, tragen wir entscheidend zum Lernen, zur Erkenntnis über uns selber bei. Auch für *Jonathan Winson* haben die Träume eine enorme Bedeutung für das Langzeitgedächtnis und für das Überprüfen und Korrigieren lebenswichtiger Funktionen.

3. NREM-Schlafphase

Die Nicht-REM-Schlafphase wird üblicherweise als Tiefschlaf bezeichnet. In dieser Phase sind die Hirnwellen verändert und verlangsamt. Jouvet versteht diese Verlangsamung als Vorbereitung auf die Traumphase, es wird Energie gespeichert, die in der energie-intensiven Traumphase benötigt wird. Die REM-Schlafphase ist ihm zufolge tiefer als die NREM-Schlafphase.

Auch in der NREM-Phase wird geträumt. Diese Träume unterschieden sich aber erkennbar von den REM-Träumen: NREM-Träume sind mehr als REM-Träume mit Lebensereignissen verknüpft, und die Träumenden überlassen sich dem Traumgeschehen unreflektierter.

Während in NREM-Träumen das Traum-Ich nur knapp in jedem zweiten Traum vorkommt, erscheinen die Träumenden selber in den meisten REM-Träumen. Alpträume kommen in den NREM-Schlafphasen vor, während Angstträume typisch sind für den REM-Schlaf. NREM-Träume werden weniger häufig erinnert.

C. Eigentliche Traumforschung

Jede Traumforschung ist schwierig, ja im eigentlich naturwissenschaftlichen Sinn unmöglich, da man nie direkten Zugang zum Untersuchungsmaterial, zum Traum hat.

Die Forscher sind auf Erzählungen der Träumenden angewiesen, die aber können nur erzählen, an was sie sich noch erinnern. Diese Erinnerungen wiederum sind durch persönliche Gefühle wie Angst, Scham und Vorurteile erheblich getrübt. Untersuchungen haben nämlich gezeigt, dass man einen Traum, wenn er zum zweiten Mal berichtet wird, anders erzählt. Im Unterschied zum Erzählen, das während der Nacht durch Wecken erfolgte, ist die Erzählung am Morgen erheblich gerafft und verkürzt. «Der ganze Traum erscheint durch die Vereinfachung, vor allem durch seine Verkürzung, verharmlost und entdramatisiert.» *(Inge Strauch und Barbara Meier)*

Dennoch ist man zur Überzeugung gelangt, dass die Daten, die in kontrollierten Untersuchungen im Schlaflabor erhoben worden sind, genügen, um allgemeingültige Aussagen über Traumphänomene wie Quellen, Gestaltungsmittel, Inhalt, Beziehung zur Lebenssituation, Erinnerung, zu machen. Aus diesen Daten möchte ich hier jene herausgreifen, die in bezug auf die Verarbeitung des Traumes und das Malen für mich wichtig geworden sind.

1. Äussere Beeinflussung der Träume

Eine Frage, die sich in bezug auf Träume immer wieder stellt, sind Bedeutung und Anteil der Tagesreste am Traumgeschehen. Welche Rolle spielt das, was man vor dem Einschlafen gesehen und erlebt hat, im Traum, und wie wirkt es sich aus? Um diese Frage zu beantworten, wurden Experimente durchgeführt, zum einen mit Farbbrillen, die tagsüber getragen wurden, zum anderen mit Wunschvorstellungen vor dem Einschlafen.

1. *Farbige Brille:* Mehrere Tage lang getragene Brillen, die die Umwelt der Versuchspersonen in Rottöne tauchte, ergaben, vor allem im ersten REM-Traum eine deutliche Rotfärbung des Traumgeschehens. Dabei wurden auch frühere Erfahrungen in diesem Licht gesehen. Das Tragen dieser Brillen während einiger Tage hatte jedoch keinen nachhaltigen Effekt; schon in der ersten Nacht, die auf eine normale Wahrnehmung folgte, erschienen die Träume wieder in normalen Farben. Es ist also anzunehmen, dass in diesem Sinn auch psychisch irrelevante Tagesreste im Traum auftauchen, aber nicht nachhaltig sind.

Was aber, wenn diese Tagesreste psychisch relevant sind? Könnte dieses Experiment auch so gedeutet werden, dass eine emotional gefärbte Brille, die wegen prägender Erlebnisse immer getragen wird, die Träume in dieser ‹Farbe› erscheinen lassen? Dann nämlich könnten die Träume auf unsere Einstellung zu einer Sache untersucht werden. Was, wenn die Ansicht (Brille), die wir heute von Ereignissen haben, unsere Erinnerungen von der Vergangenheit färben und bestimmen? Käme es dann in der Traumarbeit, in der Psychotherapie, nicht viel mehr darauf an, die Brille zu verändern als die Erinnerungen? Dürfte davon abgeleitet werden, dass eine Normalisierung der Träume – durch das Entfernen der Brille – auf eine neue Lebenssicht zurückzuführen ist?

2. *Wünsche:* In einer weiteren interessanten Untersuchung zum Thema ‹Träume erinnern› mussten sich die Versuchspersonen vor dem Einschlafen auf einen für sie relevanten Wunsch konzentrieren, z. B: «Ich möchte gerne grosszügiger sein.» Solche Wünsche hatten zur Folge, dass dieses Thema zwar tatsächlich signifikant gehäuft in den Träumen vorkam, jedoch in seiner Umkehrung! In diesem Beispiel erlebte sich die Versuchsperson im Traum nämlich als besonders kleinlich.

Offenbar setzen wir uns in unseren Träumen also tatsächlich mit unseren Mängeln, die sich am Tag als Wünsche äussern, auseinander. (Wenn ich grosszügig bin, kommt der Wunsch nach Grosszügigkeit nämlich gar nicht erst auf.)

Wir können davon ausgehen, dass Träume nicht nur die kurzfristigen, bewussten Wünsche aufnehmen, sondern auch alte, langfristige psychische Anliegen. Unsere Träume geben uns zu verstehen, wo psychische Arbeit nötig ist.

Der Traum gibt aber den Ist-Zustand und nicht den Wunsch wieder! Unsere Träume setzen sich mit existentiellen Anliegen auseinander, die wir aus unserer Tageswahrnehmung ausklammern, indem wir sie zu Wünschen umformulieren und ihnen damit die Wirksamkeit entziehen. Wenn wir uns aber dieser Anliegen bewusst werden und an ihnen arbeiten, verschwinden die dazugehörigen Träume.

2. Trauminhalt

Für die Träumenden ist vor allem der Trauminhalt von Bedeutung. Untersuchungen von *C. Hall* haben gezeigt, dass sich Trauminhalte innerhalb von dreissig Jahren nicht wesentlich verändert haben, die gesellschaftlichen Veränderungen der Umwelt in dieser Zeit wurden in den Träumen nämlich nicht ersichtlich. Daraus könnte man schliessen, dass sich der Traum meistens effektiv mit innerpsychischen Anliegen beschäftigt, welche sich in den verschiedenen Zeitaltern und von Mensch zu Mensch nicht wesentlich unterscheiden. Lustig dabei ist lediglich, dass sich zwar die psychischen Inhalte und das Gefühl, dass Träume von grosser Bedeutung sind und einen tiefen Sinn haben, über die Jahre nicht verändern, das modische Erscheinungsbild jedoch sehr wohl.

«Les Rêves», Marquis Hervey de Saint Denis

Strauch und *Meier* haben noch viele andere Aspekte von Träumen untersucht: die Szenerie in Träumen, vorkommende Lebewesen, Träume von Männern und Frauen, Alten und Jungen, die Beteiligung des Ichs am Geschehen und die Verteilung der Themen, auf die ich aber hier nicht weiter eingehen möchte. Wichtig in diesem Zusammenhang ist vielleicht, dass bestimmte bekannte Themen wie Fallen, Fliegen, Zahnausfall, denen in gewissen psychotherapeutischen Verfahren besondere Bedeutung zugemessen wird, nicht so häufig vorkommen, wie es den Anschein hat. Sie prägen sich aber aufgrund ihrer Auffälligkeit dem Gedächtnis besonders ein.

3. Gestaltungsmittel

Der Traum vermittelt uns also einen Ist-Zustand und zeigt die Richtung auf, in der Veränderung wünschenswert und an der Zeit wäre. Diese Aktivität findet während des Schlafes statt, wenn die motorische Reaktion unterdrückt und der Energieverbrauch auf das Träumen reduziert ist. Die Gestaltungsmittel des Traumes sind diesen Zielen förderlich. Träume arbeiten mit einem Minimum an Aufwand, sie belasten die Träumenden mit Details nur gerade so, dass das Traumgeschehen knappstens vermittelt werden kann.

a) Bilder

Das wichtigste Gestaltungsmittel des Traumes ist das Bild. Traumbilder sind in bezug auf ihre Helligkeit und Bildschärfe der Wachwahrnehmung ähnlich, zeigen aber meistens weniger satte Farben und lassen den Vordergrund scharf auf einem eher verschwommenen Hintergrund erscheinen. Diese Transparenz der Farben macht es schwer, das Traumbild beim Malen in satte, reale Farben umzusetzen. Der verschwommene Hintergrund macht die Umsetzung zusätzlich schwierig. Die malerische Traumarbeit muss daher eine Übertragung von ‹unfassbar› zu ‹fassbar› ermöglichen.

b) Gefühle

Ein weiteres wichtiges Gestaltungsmittel des Traumes ist das Gefühl, die Stimmung. Oft wirkt sich das Gefühl noch lange Zeit nach dem Traum im Wachzustand der Träumenden aus. Untersuchungen haben gezeigt, dass aus einem Traumtext nicht verlässlich zu entnehmen ist, welche Gefühle die Träumenden erlebt haben. Dies lässt sich auch auf gemalte Traumbilder ausdehnen. Jeder Rückschluss vom Bild auf das Gefühl der Träumenden ist unzulässig.

4. Sich an Träume erinnern

Manche Leute beklagen sich, dass sie sich selten an ihre Träume erinnern können. Wie lassen sich Träume am Schwanz pakken? Hier einige Tips:

1. Es lohnt sich, den ‹inneren Träumenden› um einen Traum zu bitten.
2. Legen Sie sich Papier und Bleistift neben das Bett und schreiben Sie den Traum auf, sobald Sie erwachen. (Vor allem auch während der Nacht, wenn Sie nach dem Träumen kurz erwachen.)
3. Sollte Ihnen der Traum dennoch entwischt sein, hilft es manchmal, wenn Sie sich sofort wieder in die gleiche Schlafposition legen.
4. Geben Sie sich etwas Zeit, um den Traum in Erinnerung zu rufen.

Was aber bedeuten unsere Träume?

Wenden wir uns nun den verschiedenen Theorien, der Software des Traumverständnisses zu. Auch sie sind grundlegender Natur, obwohl sie mehr philosophisch als naturwissenschaftlich anmuten.

V. Theoretische Ansätze für das Verstehen von Träumen

«Dass ein Traum erinnert wird, ist niemals zufällig.»
Fritz Morgenthaler

Träume sind spontane Erscheinungen von Bildern, der beste Beweis, dass alle Menschen Bilder schaffen, schaffen müssen, wenn sie nicht krank werden wollen. So wie alle Bilder, wurden auch Träume seit langem ernst genommen, und es wurden immer wieder neue Theorien gebildet, wie sie zu verstehen seien. Dabei sind sich die Theoretiker aus allen Zeitaltern einig, dass das Verstehen von Träumen neue Erkenntnisse für den einzelnen oder für die Gesellschaft bringt.

Zu Zeiten der alten Ägypter, der Entstehung der Bibel, der alten Griechen, wurden die Träume als Mitteilungen der Götter oder des Gottes verstanden. In primitiven Zivilisationen werden sie heute noch als Mitteilung an die Gemeinschaft untersucht, während sie in unserer Kultur eher als Ausdruck des Persönlichen betrachtet werden. Viele Traumforscher sind heute noch mit Freud einig, dass der Traum der ‹Hüter des Schlafes› sei.

Meines Erachtens sind Träume Mitteilungen der Seele. Sie versuchen Vorbewusstes ins Bewusste zu bringen. Oft sind sie bizarr, oft aber auch wie eine zusammenhängende Bildgeschichte, manchmal sehr verwirrend, hie und da ganz direkt, gelegentlich fast plump offensichtlich, häufig sind sie humorvoll angelegt und auch so zu verstehen.

Im Bemühen, Träume richtig zu verstehen, wurden viele verschiedene Theorien aufgestellt. Im Zusammenhang mit unserem Thema ist dabei vor allem zu untersuchen, welchen Anteil die Theorie und das Wissen des ‹Traumdeuters›, des Therapeuten hat oder inwieweit dieses Wissen als im Träumer, in der

Träumerin liegend verstanden wird und was diese Ansichten für Auswirkungen haben. Ebenso möchte ich betrachten, wie weit die folgenden Theorien für die Traumarbeit mit dem gemalten Bild von Bedeutung sind.

A. Das Traumverständnis in der Psychoanalyse

Sigmund Freud misst der Traumdeutung eine grosse Bedeutung bei, er betrachtet sie als die «Via regia» zur Kenntnis des Unbewussten im Seelenleben. Das Unbewusste drückt sich im Primärprozess aus – einer Anballung triebhafter, verdrängter Wünsche, die ihren Ursprung in der Kindheit haben. Im Schlaf, wenn die rationalen Prozesse inaktiv sind, drängen diese Wünsche durch und bilden, neben den Tagesresten, das Material für die Träume. Damit der Träumer nicht im Schlaf gestört wird, werden die Wünsche verschlüsselt und zwar durch Verschiebung, Verdichtung, Dramatisierung, Symbolisierung und sekundäre Bearbeitung. Dadurch finden sie Erfüllung, ohne dass eine eigentliche Aktion entsteht.

In der Psychoanalyse wird zwischen dem manifesten Trauminhalt – der Gesamtheit der Bilder – und dem latenten Trauminhalt – der Verwirklichung der unbewussten Wünsche – unterschieden. Traumarbeit besteht darin, durch freie Assoziationen den latenten Trauminhalt zu verstehen. Dabei wird auch der bildlichen Symbolik eine grosse Bedeutung beigemessen. Der Psychoanalytiker versucht aufgrund der Theorie und der Assoziationen, den Traum zu analysieren und für den Patienten zu interpretieren. Diese Interpretation führt den Patienten zu neuen Erkenntnissen über sein Unbewusstes. Das Wissen darüber, was ein Traum bedeuten soll, ist also dem Arzt/Analytiker überlassen.

Jouvet, der die Freudsche Theorie aus der Sicht der Neurophysiologie des paradoxen Schlafs untersuchte, kommt allerdings zum Schluss: «Man kann heute mit Sicherheit sagen, dass es für diese Theorie nicht den geringsten empirischen Anhaltspunkt gibt. … Das bedeutet nicht, dass Träume weder Tagesreste noch wichtige Themen verarbeiten. Die Traumarbeit ist eine unbestrittene Tatsache; aber sie ist kein ursächlicher Faktor des Traumgeschehens. … Und es gibt nicht die Spur eines Beweises für die Beeinflussung dieser neuronalen Mechanismen durch Hunger, sexuelle Bedürfnisse oder irgendeinen anderen Trieb.»

Leopold Szondi erweiterte die Bedeutung des manifesten Trauminhaltes über den Träumer hinaus auf die Ahnen, Verwandten, auf die Sippe des Träumers. Er fasst damit das Geschehen als Abbild weiter als das persönliche wie Freud, aber auch enger als das kollektive Unbewusste von *C. G. Jung*. Szondi ist der Ansicht, dass der Mensch immer wieder neu Schritte auf eine Eins- und Ganzwerdung hin unternimmt. Er greift damit der humanistischen Psychologie vor, die dieses Weltbild des Menschen fest begründet. Ebenso begreift Szondi auch die Arbeit, die während des Träumens geleistet wird, als eine Bemühung in dieser Richtung.

Harry S. Sullivan betrachtete in seinen psychoanalytischen Forschungen die Interaktion zwischen dem Analytiker und dem Patienten.

Sullivan, wie auch *Walter Bonime, Edward Tauber* und *Maurice Green*, untersuchten Träume vor allem darauf hin, was sie über diese Beziehung aussagen.

Walter Bonime versteht Zynismus und Rivalität als Hauptwiderstand gegen gesunde Beziehungen. Beide werden hauptsächlich in der Beziehung zum Therapeuten in den Träumen sichtbar. Dies vor allem auf zwei Arten: einmal als symbolisiertes Gefühl (z. B. kommt ein Hai vor), einmal als erlebte Erfahrung (der Träumer hat Angst während des Traumes). Sullivan wie auch Bonime glauben, dass der Traum die Beziehungsstimmung der Analyse widerspiegelt.

Meine Supervisorin brachte mich einmal ganz schön in Verlegenheit. Ich erzählte ihr den Traum eines meiner Patienten. Er hatte geträumt, er wäre in einem Konzentrationslager und stünde in einer Reihe von Männern, die niedergeschossen werden sollten. Bald würde er dran kommen. Sie fragte mich ohne jede Kritik: «Inwiefern ist Deine Therapie wie ein Konzentrationslager, in dem man niedergeschossen wird?» Nur durch meinen eigenen Schock konnte ich die grosse Angst meines Patienten, dass wir jetzt dann ans ‹Lebendige› kommen, verstehen. Denn weder im Traum noch im Alltag war er sich seiner Gefühle bewusst und konnte sie somit auch nicht ausdrücken.

Diese Art, die Träume auf die spezielle Situation der Therapie zu beziehen, war für mich wegweisend. Wie ein Licht zeigt sie Fehler im Verstehen der Träume auf.

In neuerer Zeit hat sich vor allem *Fritz Morgenthaler* mit Träumen aus psychoanalytischer Sicht auseinandergesetzt. Obwohl er ebenfalls die Meinung vertritt, dass «jeder Traum einer unbewussten Wunscherfüllung entspricht», betrachtet er nicht nur den manifesten und latenten Trauminhalt für dessen Analyse, sondern auch, wann, wo, wem und in welcher Weise ein Traum erzählt wird. Die Analyse dieser Situation führt ihn zu völlig neuen und wichtigen Einsichten. Er vergleicht zudem den Traum mit einer nächtlichen Bühne, auf der die Traumregisseure Stücke inszenieren, die beim Publikum Erfolg haben. Um das Publikum nicht zu sehr zu beunruhigen, verkleiden sich die Akteure, wechseln abrupt die Szene, fangen mitten im Stück ein neues Theater an, oder die ganze Bühne wird plötzlich dunkel. Diese Auffassung ist nicht nur sehr bildhaft, sie ist auch eine wichtige Voraussetzung für die Arbeit an Träumen durch Malen. Sie bildet eine theoretische Grundlage, die es uns erlaubt, solche unterbrochenen Szenen im gemalten Bild weiterzuführen, das Prozesshafte des Traumes ernstzunehmen.

B. Der Traum in der analytischen Psychologie

C. G. Jung definiert den Traum als eine spontane Phantasie, welche im Schlaf auftritt und erinnert wird. Jung nimmt an, dass der Traum als Einheit das Wesen des Träumers widerspiegelt, jedoch aus einer anderen Sicht, als es der Träumer kennt.

Jung betrachtet den Traum zuerst als Ganzes (Ästimation), und analysiert ihn dann auf drei verschiedenen Stufen:

1. *Objektstufe:* Auf dieser Stufe werden z. B. dem Träumer bekannte Menschen als diejenigen Menschen im Leben anerkannt, und die Beziehung zu ihnen wird untersucht.
2. *Subjektstufe:* Dieser Aspekt beleuchtet das ‹interne Theater› des Patienten, die Figuren des Traumes als Aspekte der eigenen Persönlichkeit.
3. *Mythologische Stufe:* Oft weisen Traumgestalten Ähnlichkeiten mit mythologischen Figuren auf. Die Bedeutung dieser Aspekte wird durch Amplifikation (Erweiterung) erarbeitet. Einfälle des Patienten und des Therapeuten zu einer bestimmten Traumfigur erweitern die Möglichkeit der Bezüge, die auf das Leben des Patienten gemacht werden können. Hier wird die mythologische Figur als Analogie verwendet.

Jung legt also mehr Wert auf das Einbeziehen des Patienten als Freud. Die Amplifikationen werden zwar hauptsächlich vom Therapeuten angeboten, der Patient aber entscheidet, welche davon für ihn einen Sinn ergeben, mit welchen er arbeiten will.

In bezug auf die bildnerische Traumdarstellung ist C. G. Jung ein Pionier. Er selber hat in einem ‹roten Buch› seine eigenen Träume gemalt und hat damit diese Art von Traumaufzeichnung eingeführt. Da es sich um Illustrationen von Träumen handelt, ist der Unterschied zwischen dieser Art der Traumbearbeitung und der rein verbalen klein. Das Aufzeichnen selber ist für den Träumer oft befriedigend, kann aber auch sehr frustrierend sein. Während die meisten Menschen ihre Träume erzählen, viele sie aufschreiben, werden nur ganz wenige illustriert.

Marie-Louise von Franz bezeichnet den Traum als Ausdruck eines inneren Dramas, das uns andauernd neue Einsichten über uns selbst vermittelt. Sie hebt vor allem hervor, dass der Traum uns zeigt, was wir noch nicht wissen: «Das Überraschungsmoment liegt in dem, was Jung als die kompensatorische oder komplementäre Funktion des Traumes bezeichnet hat. Damit ist gemeint, dass der Traum beinahe nie schon Gewusstes darstellt, sondern entweder Inhalte, welche eine Einseitigkeit des Bewusstseins ausbalancieren (kompensatorisch) oder zu enge oder zu wenig bewertete Bewusstseinsinhalte um Fehlendes ergänzen (komplementär).»

James Hillman, ein Jungianer, öffnet die Grenzen dieser Schule und geht entscheidend darüber hinaus. Er bezieht die Traumwelt auf die Unterwelt und enthält sich jeder Deutung. Jede Deutung, jedes Beziehen der Traumfiguren auf innere Figuren, beschränken diese in ihrer Wirkung. Er sieht die Bilder als Ganzes, als Reflexionen, in denen sich die Seele erkennen kann. Wichtig für meine Arbeit mit Träumen ist sein Misstrauen dem Traum-Ich gegenüber, das sich im rationalen Licht des Träumer-Betrachters nur scheinbar ‹vernünftig› benimmt. Wenn man aber den Traum ernst nimmt und einmal davon ausgeht, dass alle anderen Elemente, ausser dem Traum-Ich, ‹recht› haben, kommt man zu völlig neuen Aspekten und Mitteilungen des Traumes.

C. Träume in der Humanistischen Psychologie

Wie alle anderen verstehen auch die Vertreter der humanistischen Psychologie den Traum als existentielle Mitteilung des Träumers an sich selbst, als einen kreativen Ausdruck, dem Malen von Bildern, der Choreographie von Bewegungen, der Dichtung vergleichbar.

Auf dem Hintergrund psychoanalytischer Ansichten war die neue Interpretation der Träume von *Fritz Perls*, dem Begründer der Gestalttherapie, revolutionär. Anstatt die Traumelemente von aussen als symbolische Darstellungen zu betrachten, ging Perls davon aus, dass jedes Traumelement einen Teil des Träumers typisiere. Inwieweit bin ich eine alte Autonummer, ein See? waren seine Fragen, und er liess seine Klienten sich mit solchen, sogar nicht lebendigen Traumelementen identifizieren. In rollenspielartigen Dialogen mit anderen Traumelementen erforschte er mit den Klienten den Gefühlsanteil der verschiedenen Teile. Durch die Aufmerksamkeit, die solch abgespaltenen Elementen zuteil wurde, konnten die Klienten unerwartete und überraschende Einsichten gewinnen. Diese Art Traumarbeit ist heute nicht mehr aus der Psychotherapie wegzudenken. Sie beeinflusste in hohem Mass weitere Methoden wie Psychodrama und Erlebnistherapien.

Wie Perls und Hillman betont auch *Charles Rycroft* die Wichtigkeit des Traumbildes. Er glaubt nicht daran, dass die Träumenden Widerstände gegen die Einsicht in einen Traum haben, sondern dass Träume wahre, direkte Mitteilungen sind, die lediglich übersetzt werden müssen. Auch er versteht den Traum als metaphorische Sprache.

In der humanistischen Psychologie bestimmen die Träumenden weitgehend die Bedeutung des Traumes. Die Psychotherapeutin lenkt lediglich die Aufmerksamkeit der Träumenden auf jene Traumaspekte, die ihr brisant erscheinen. Ich vertrete die Ansicht, dass es eine Person von aussen braucht, um einen Traum zu bearbeiten, da die Träumenden selber zu sehr im Geschehen, im Komplex befangen sind, um wirklich neue Einsichten zu gewinnen.

D. Verschiedene Ansichten zur Traumarbeit

Die meisten namhaften Autoren auf psychotherapeutischen Gebiet haben sich mit Träumen auseinandergesetzt. Dadurch entstand eine Vielfalt von Ansätzen und Theorien, die neue Möglichkeiten der Bearbeitung anregen. In Anbetracht der Vielfältigkeit der Träume und der Träumenden kann eine solche Auflösung festgelegter Meinungen nur positiv sein.

1. Eigenverantwortung der Interpretation

In der Frage, ob die Träumenden selber oder nur jemand von aussen einen Traum verstehen können, finden wir die Ansichten der Psychoanalyse auf der einen, *Montague Ullmann* und *Eugene Gendlin* auf der anderen Seite des Spektrums.

Montague Ullmann versteht den Traum als ‹Metapher in Bewegung›. Er hat eine Form der Traumarbeit für Gruppen von Laien entwickelt, in der zwar die Notwendigkeit von Anregungen von aussen betont wird, in der er jedoch daran festhält, dass letztlich nur die Träumenden selber bestimmen können, was ein Traum bedeutet. Es kommt ja schliesslich wie beim Essen und der Verdauung nicht nur darauf an, was angeboten wird, sondern darauf, was assimiliert werden kann. In genau festgelegten Schritten kann die Bedeutung des Traumes mit Hilfe der Gruppe verstanden werden:

1. Erzählen des Traumes
2. Fragen der Gruppe zum Traum, Erweiterung
3. GruppenteilnehmerInnen identifizieren sich mit dem Traum und erzählen den Träumenden, wie sie sich selber in der Traumsituation fühlen würden
4. Die Träumenden reflektieren und fassen am Schluss zusammen, welche der neuen Aspekte für sie hilfreich waren.

Um herauszufinden, ob eine Interpretation zutrifft, lässt sich die Methode des ‹Focusing› von *Eugene Gendlin* besonders gut anwenden. Gendlin hat eine körperorientierte Technik entwickelt, mittels welcher die Träumenden erkennen können, welche Antwort auf eine Frage die richtige ist. In drei Schritten kann der Inhalt des Traumes erkannt, Neues erfahren und das Resultat getestet werden. Am Schluss erlangen die Träumenden ein klares inneres Wissen um das Geschehen in ihrem Leben.

2. Tagträume und Imaginationstherapien

Tagträume und Imaginationstherapien interessieren im Zusammenhang mit Malen vor allem darum, weil hier das bewegte Bild im Wach- oder Halbwachzustand für die psychische Arbeit benützt wird. Wegweisend für solche Imaginationsarbeit ist das *‹Katathyme Bilderleben›* von *Herbert Leuner*. Diese Imaginationstechnik ist eine Form des Tagtraumes und basiert auf einer tiefenpsychologischen Grundlage. Vorgegebene Motive leiten eine langsame Freisetzung unbewussten Materials ein und gewährleisten seine Verarbeitung. Das Verständnis der Imagination beruht auf dem Verständnis von Symbolen und wird dementsprechend interpretiert.

Ein wichtiger Einfluss für die Arbeitsweise mit Träumen waren für mich die Erkenntnisse aus dem *‹Neuro-Linguistic Programming›* (NLP). Obwohl die namhaften Autoren sich meines Wissens nie direkt mit Malen oder mit Träumen befassen, eignen sich ihre Erkenntnisse aufs beste zur Umsetzung in dieser Arbeit. Im NLP wird hauptsächlich zwischen drei Wahrnehmungskanälen unterschieden: dem visuellen, dem auditiven und dem kinaesthetischen Kanal. Jeder Mensch bevorzugt einen dieser Kanäle, um die Welt zu verstehen. Dies äussert sich zum Beispiel in Redewendungen: «Ja, ich *sehe*, was du meinst …» «Da haben alle Glocken *geläutet* …» «Dein Einwand ist einfach nicht *griffig* …»

In der Traumarbeit beschäftigen wir uns hauptsächlich mit dem visuellen Kanal. Jeder Kanal hat wiederum seine Submodalitäten, und es sind diese, die in der direkten Arbeit mit dem Bild vor allem wichtig sind.

Richard Bandler, einer der NLP Begründer, bezeichnet folgende visuellen Submodalitäten: Farbe, Distanz, Tiefe, Dauer, Schärfe, Ausschnitt, Bewegung, Schnelligkeit, Kontrast, Transparenz, Proportion, Orientierung, Vordergrund/Hintergrund. Diese Submodalitäten haben einen Einfluss auf das Gefühl, das eine Erinnerung auslöst. Die meisten Menschen erleben ein Gefühl stärker, je heller, deutlicher, grösser und farbiger das innere Bild ist. Umgekehrt, wer ein unangenehmes Erlebnis hatte, zum Beispiel mit dem Chef, kann sich viel leichter davon lösen, wenn der Chef klein, schwarz-weiss, verschwommen und in einem neutralen Grauton erscheint.

Im Laufe der Traumarbeit haben Jörg Merz und ich herausgefunden, dass auch der Blickwinkel, die Perspektive, aus der ein Ereignis gesehen wird, eine grosse Rolle in bezug auf die Stärke der Gefühle spielt. Wir sind einem Ereignis in viel grösserem Mass ausgeliefert, wenn wir das Bild aus der Perspektive der eigenen Augen sehen.

Wir können uns effektiv aus dem Ereignis herausnehmen, wenn wir uns beobachten, wie wir das Ereignis beobachten, oder gar wenn wir uns beobachten, wie wir uns beim Beobachten des Ereignisses beobachten ... Diese Erkenntnisse sind vor allem beim Bearbeiten von Traumata und Phobien von Bedeutung.

Die visuellen Submodalitäten sind im Malen von Träumen wichtig, weil sich mit dieser Technik Gefühle zum Traum verstärken oder abschwächen lassen.

E. Zusammenfassung

Aus all dem Gesagten sind für mich folgende Punkte wegweisend geworden:

- Ich teile die Meinung aller Theoretiker, dass Träume ernst zu nehmende Mitteilungen der Seele sind. Es ist also eine zulässige und wesentliche Aufgabe des Malens, Träume zu bearbeiten.
- Mit Marie-Louise von Franz glaube ich, dass Träume das zu vermitteln suchen, was wir noch nicht wissen. Das Überraschungsmoment im gemalten Traumbild ist also wesentlich.
- Wenn ich mit jemandem an einem Traumbild arbeite, gehe ich mit Rycroft einig, dass mehr Neugierde als Widerstand gegenüber dem Sinn des Traumes besteht. Während des Malens des Traumes entstehen immer wieder Stellen, die im Traum nicht oder nur undeutlich sichtbar waren. Der malerische Bearbeitungsprozess kommt der Neugier entgegen.
- Ebenfalls bin ich der Meinung von Montague Ullmann, dass ein Traum zwar nur mit einer ausserhalb des Komplexes stehenden Person bearbeitet werden kann, dass aber die Auswahl der Bedeutungen letztlich bei den Träumenden liegt.
- Ein wichtiger Aspekt jeder therapeutischen Arbeit ist die Beziehung zwischen dem Therapeuten und dem Patienten. Dies wurde mir durch die Gedanken von Walter Bonime besonders deutlich. Sie gelten auch beim Bearbeiten von Traumbildern durch Malen.
- Wenn Morgenthaler den Traum als Seelenbühne bezeichnet, gibt mir das die Grundlage, das Stück im Bild weiterspielen zu lassen. Wie wir noch sehen werden, ist das eine Basis für die Traumarbeit im Begleiteten Malen.
- Einer der einflussreichsten Theoretiker ist für mich James Hillman. «Bilder sind Götter, die uns besuchen», sagt er. Wir sind nicht die Bilder, und sie sind keine Anteile von uns. In diesem Sinn ist es beim Malen entscheidend, dass wir uns nicht mit dem gemalten Bild identifizieren, sondern uns eher

so verhalten, dass wir dem Bild zur Existenz verhelfen. Diese Haltung schliesst jede symbolische Interpretation aus. Ausserdem nehme ich das Misstrauen dem Traum-Ich gegenüber ernst. Dort liegen auch meistens die wirklichen Überraschungen und die Einsicht.
- Einfluss auf meine Arbeitsweise mit Träumen übten die Erkenntnisse aus dem Neuro-Linguistischen Programmieren (NLP) aus. Die Resultate aus den Untersuchungen eignen sich aufs beste zur Umsetzung in dieser Arbeit.

Das Bearbeiten der Träume ist also vielschichtig. Träume können darauf hin untersucht werden, was sie auf die Aussenwelt bezogen bedeuten, was sie uns innerpsychisch sagen wollen, sie können die momentane therapeutische Situation betreffen, die wiederum stellvertretend für die Lebenssituation des Patienten steht, oder sie können sich sogar auf die Zukunft beziehen. Welchen Aspekt wir auch immer zum Bearbeiten wählen, unsere Werte und Ansichten sind die Brille, durch die wir sie betrachten.

VI. Werte und Grundlagen

«Wahrheit ist niemals eine Haltung, von der man überzeugt ist, noch ist sie jemals die gegenteilige Haltung, von der man nicht überzeugt ist; Wahrheit ist der Kontext, in dem Überzeugungen gehalten werden.» *Ron Smothermon*

Unsere Ansichten, Werte und Grundlagen bestimmen, was wir in den Bildern und Träumen sehen werden, sie bedingen die Richtung, in die wir unsere Therapie lenken. Daher sind hier einige Anmerkungen zu meinen eigenen Ansichten und Werten angebracht.

- *Alles ist fliessende Neuinterpretation des Bewusstseins.*
  Wissenschaftliche Untersuchungen haben gezeigt, dass das Gehirn nach eigenen inneren Kriterien die Wahrnehmungswelt ständig neu reorganisieren kann. Dazu braucht das Gehirn gerichtete Aufmerksamkeit. Gerichtete Aufmerksamkeit bewirkt, dass Änderungen im Erregungsmuster der neuronalen Aktivität stattfinden. Das gesamte Denken, Vorstellen und Fühlen ist an der visuellen Wahrnehmung mitbeteiligt. Deshalb ist eine visuelle Tätigkeit, die gerichtete Aufmerksamkeit erfordert, wie das Begleitete Malen, optimal geeignet, eine ganzheitliche Reorganisation zu bewirken.

- *Es gibt kein Rechthaben.*
  «Das was gerechtfertigt wird, ist nicht direkt erlebbar, sonst bestände keine Notwendigkeit, es zu rechtfertigen» (Ron Smothermon). Wir tragen die volle Verantwortung für unsere Ansichten. ‹Nicht recht haben› und ‹die Verantwortung übernehmen› ist für viele Menschen ein Entweder-Oder. *Friedrich Nietzsche:* «In allem wollt ihr verantwortlich sein! Nur nicht für eure Träume! Welche elende Schwächlichkeit, welcher Mangel an folgerichtigem Mute! Nichts ist mehr euer eigen als

eure Träume. Nichts mehr euer Werk! Stoff, Form, Dauer, Schauspieler, Zuschauer – in diesen Komödien seid ihr alles selber!»

• *Es geht nicht darum zu malen, was man will, sondern zu wollen, was man malt.*

Bilder können immer so gemalt werden, wie sie sein müssen, obwohl sie nicht unbedingt so werden, wie es beabsichtigt war.

• *Bilder malen heisst, vollen Einsatz leisten.*

Es ist zwar nicht mehr Mode, sich Mühe zu geben, vor allem nicht, wenn es um Ausdruck geht. Dennoch müssen wir uns manchmal sehr um ein Bild bemühen. Es ist eine Arbeit an der eigenen Frustrationsgrenze.

• *Es gilt dem Bild zu dienen.*

Das Bild selber ist im Vordergrund des Interesses, nicht die Malenden.

• *Nicht das Traum-Bild wird auf das Ich beschränkt, sondern das Ich wird um das Traum-Bild erweitert.*

Wir müssen die verschiedenen Traumelemente, die Traummitspieler in ihrer Eigenart, erkennen und verstehen lernen. Erst dann können wir sie auf metaphorischer Ebene auf unser eigenes Leben beziehen.

• *Malen soll helfen, sich dem Fremden zu öffnen und vielfältiger zu werden.*

Die Natur, und damit der Mensch, verändert sich nach dem Prinzip der grösstmöglichen Vielförmigkeit. In diesem Sinne können wir Vielfältigkeit am Bild üben, von der speziellen einen Möglichkeit des Ich zu den vielfältigen Möglichkeiten in

Verbindung mit der Umwelt zu kommen. Dann können wir uns auch fremden Menschen gegenüber öffnen, den Schmerz der Erde als den unseren erkennen und die Liebe erfahren.

- *Fehler sind die Freunde der Vielfalt.*

  Neues wird meistens als Fehler erlebt. Der Mut zum Fehler ist der Mut, der direkten Erfahrung zu vertrauen.

- *Bewertung verhindert Vielfalt.*

  Wenn wir während des Malens das Bild bewerten, beschränken wir uns auf bekannte Möglichkeiten. Anregungen, die vom Bild oder von der Maltherapeutin kommen, werden oft als ‹nicht von mir› abgelehnt. Damit wird Vielfalt beschränkt.

- *Das Gegenteil muss enthalten sein.*

  «Die Integration des notwendigen Gegenteils spielt offensichtlich auf allen Stufen der geistigen Entwicklung eine zentrale Rolle» *(Johannes Holler)*. Im Bild ist das Gegenteil eingeschlossen.

- *Humor ist die Energie des Fliessens.*

  Sigmund Freud: «Erspartes Mitleid ist eine der häufigsten Quellen der humoristischen Lust.»

  Selbstmitleid ist wie ein Sumpf, in den die Malenden einsinken. Mit Humor fällt den Malenden auch schmerzhafte Arbeit leichter.

  Genauso wenig wie Selbstmitleid ist Mitleid der Therapeutin hilfreich, denn Mitleid schwächt. Mitgefühl kann sich jedoch auch humorvoll äussern und die Arbeit wieder ins Fliessen bringen. Träume sind oft humorvoll.

- *Weisheit ist die Verstärkung des Neutralen.*

  Eine weise Neutralität kann nur auf der Grundlage von Humor wachsen. *Manuel Schoch:* «Traue niemandem, der keinen Humor hat.»

- *Die Grundlage jeder therapeutischen Arbeit ist Liebe und Mitgefühl.*

  Wohlwollen, Warmherzigkeit und Hoffnung müssen die Arbeit mit Menschen, Träumen und Bildern tragen. Hoffnung im Sinne von *Ernst Bloch,* der sagt: «Hoffnung ist ins Gelingen verliebt statt ins Scheitern.»

- *Im Leben geht es darum, ja zu sagen.*

  So oft sagen wir, was wir nicht wollen. «Ich will nicht, dass man über mich bestimmt, ich will nicht, dass man mir zu nahe kommt, ich muss mich abgrenzen, ich muss lernen, nein zu sagen.» Was passiert aber, wenn das gelingt? Das Leben verödet und vereinsamt. Es ist dann zwar möglich, nein zu sagen, aber gleichzeitig sind wir auch ausgeschlossen und in keiner Weise glücklicher. Wir müssen lernen zu spüren und zu formulieren, was wir wollen, nicht was wir nicht wollen.

- *Glaube an das Gute im Menschen.*

  Eine therapeutische Arbeit kann nur von einem ungebrochenen Optimismus ausgehen, der erlaubt, die versteckten, ungelebten Qualitäten der anderen zu erkennen, und Mut macht, diese zu entfalten.

- *Erweitertes Bewusstsein ist gefordert.*

  Im geträumten und im gemalten Bild werden wir mit unserem Nicht-Ich konfrontiert. Nur vom Nicht-Ich kann entscheidend Neues kommen, nicht von dem, was wir als Ich anerkennen.

- *Einsichten aus Träumen müssen einen Überraschungseffekt haben.*

  Die Überraschung liegt oft im unerwarteten Gegenteil.

- *Die Vergangenheit ist unsere Erfindung – sie kann verändert werden.*

  «Wir handeln, geniessen oder leiden nicht aufgrund von Wirklichkeiten, sondern aufgrund unserer Erfindungen, die wir für wirklich halten» *(Gerd Gerken).*

- *«Die Zukunft bestimmt die Vergangenheit.»* (Manuel Schoch)

  Angst ist immer auf die Zukunft bezogen. In der Gegenwart schränken wir uns ein, aus Angst, dass später etwas Unangenehmes auf uns zukommen wird. So lassen wir uns in unseren gegenwärtigen Handlungen von unseren Zukunftsvorstellungen bestimmen und schaffen uns damit eine Vergangenheit, die für Reue Platz hat. Im Begleiteten Malen können wir uns daran gewöhnen, ins Ungewisse hinein zu handeln.

- *Kreativität ist gefordert.*

  Hier schliesst sich der Kreis. Durch die Erweiterung unserer Träume, durch das Erschaffen neuer Wirklichkeiten im Malen, können wir die Realität auf eine neue Art wahrnehmen.

Wenden wir uns nun aber der Praxis zu. Was heisst das alles, wenn wir Träume durch Malen bearbeiten wollen.

VII. Interventionen

«Wichtig ist nicht das, was man mit mir gemacht hat, sondern das, was ich selbst aus dem mache, was man mit mir gemacht hat.»

Serge und Anne Ginger

Wenn wir davon ausgehen, dass die Bilderfahrung grundlegend anders ist als die Illustrationserfahrung, heisst das, dass es auch eine ganz besondere Methodik in der Arbeit mit metaphorischen Bildern geben muss. Die Interventionen der MalleiterInnen sind die unmittelbaren Ursachen der Wirkung, die wir erfahren können, wenn wir Träume malen.

Eine Schwierigkeit im Darstellen der Interventionen liegt allerdings darin, dass es immer ein Sowohl-als-Auch gibt. Ich kann zum Beispiel in einem Fall darauf beharren, dass Dinge so gemalt werden müssen, wie sie sind, ein andermal scheint es mir vorstellbar, dass sie ganz anders, aus der Phantasie entstehen dürfen. Interventionen können nie verallgemeinert werden, sie beziehen sich immer nur auf genau eine Situation. Zudem kommt es letztlich gar nicht so darauf an, ob auf Anhieb die richtige Entscheidung getroffen wurde. Wenn die Arbeit wirklich nah begleitet wird, zeigt sich das Bild so, dass die Richtung der Interventionen geändert werden kann.

Trotzdem ist die Frage der Auswahl natürlich wichtig[1], denn in jeder therapeutischen Arbeit ist zu entscheiden, bei welchem Ausschnitt aus einem Traum angesetzt werden soll. In unserem Fall also: Welcher Traumausschnitt soll gemalt werden? Da das Bild, das sich direkt auf den Traum bezieht, jedoch nur der erste

1 Es lässt sich immer darüber streiten, ob nicht eine andere Auswahl noch mehr, noch Präziseres, Hilfreicheres gebracht hätte. Auch ich stelle mir diese Frage. Vielleicht wären Sie als MalleiterIn bei einem meiner Beispiele auf eine elegantere Art zu einem aufsehenerregenderen Resultat gekommen.

Schritt in der Traumarbeit ist, stellt sich anschliessend die zweite Frage: Mit welcher Bildaufgabe soll es weitergehen?

Auch im metaphorischen Malen kann ganz gewöhnlich damit begonnen werden, dass das Bild, das die Träumende als das wichtigste empfand, auch zuerst gemalt wird, so wie sie es im Traum gesehen hat. Das Bild, das sich direkt auf den Traum bezieht, ist ja nur der Ausgangspunkt der Traumarbeit. Es erweitert und verändert sich während dem Malen.

Beispiel

Traum: *«Meine Schwester zeigt mir die Stelle, wo ‹es passiert ist› ... Wir kommen an einen Waldrand, und ich weiss plötzlich: da habe ich geboren, genauso war es.»*

Tamaris sagte dazu: «Ich kann mich nicht mehr erinnern, wie die rechte Seite des Waldrandes war. Ich weiss aber beim Erwachen, dass da etwas Wichtiges wäre.»

Bild 1
Tamaris malt den Weg und den Waldrand, bis zum Ort, wo «es passiert ist». Das Bild ist befriedigend, nur der Hintergrund auf der linken Seite will nicht gelingen. Auf meine Frage, welche Farbe es dort haben könnte, entscheidet sich Tamaris, Rot zu nehmen. Aus dem Rot wird ein Vorhang.

Bild 2
In der nächsten Malstunde entsteht dieser geschlossene Vorhang.

Bild 3
Der Vorhang öffnet sich einen Spalt …

Bild 4
… noch ein bisschen …

Bild 5
… zeigt andeutungsweise kurz etwas …

Bild 6
… und geht wieder zu.

Bild 7
Pause

Auf diese Weise geht der Vorhang auf und zu, während fast drei Monaten. Endlich entsteht eine kauernde Frau. Tamaris will den Vorhang über diesem Geschehen wieder schliessen. Ich bitte sie, jetzt dranzubleiben. Das nächste Bild stellt einen stehenden Mann dar. Und wie enden Bühnenstücke oft?

Bild 8
Das nächste Bild zeigt es: Frau und Mann finden sich. Tamaris braucht viel Überwindung, das Thema fertigzumalen.

Bild 9
Nun ist sie ziemlich ratlos, was sie als nächstes Bild malen sollte. Spontan entsteht das folgende Bild, das Tamaris nach Vollendung mit dem ersten Bild dieser Serie in Beziehung bringt: der Vorhang hat sich nun an der Stelle geöffnet, an der sie geboren hat, und ein neuer Weg hat sich aufgetan. Erst jetzt ist diese Traumarbeit beendet.

A. Tun

Ein östlicher Weiser wurde gefragt, was für ihn Glücklichsein bedeute. Er antwortete: «Tun, was zu tun ist.» In den ganzen östlichen Weisheitslehren ist das wahrhaftige Tun die höchste Stufe der Erleuchtung. Dabei wird gerade diese Art von Tun als Nicht-Tun bezeichnet: «Man kann dieses Nicht-Tun grundsätzlich als ein «Handeln bei Umgehung aller Routinen und Vorurteile» definieren» *(G. Corvalán in Classen, Norbert).*

Das Tun ist so eminent wichtig, weil Veränderung zuerst in der ‹Hardware› des Gehirns auftreten muss, bevor eine innere, geistige Wandlung stattfinden kann. Nur eine effektive Handlung kann eine solche Veränderung der Hirnstruktur herbeiführen.

In unserem Fall müssen also die Bilder ‹tätlich› gemalt werden, damit eine Rück-Wirkung auf das Hirn entsteht.

Wenn wir betrachten, wieviel Raum die *Hände* im Gehirn einnehmen, ist es nicht weiter erstaunlich, dass das Tun mit den Händen einen enormen Einfluss auf das Gehirn hat.

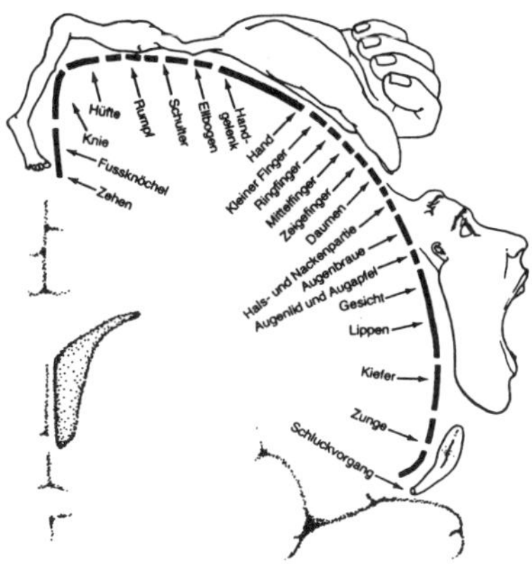

Das motorische Gehirn (Illustration aus Holler, Johannes: *Das neue Gehirn.* Aktualisierte Neuauflage. Paderborn: Junfermann 1996.)

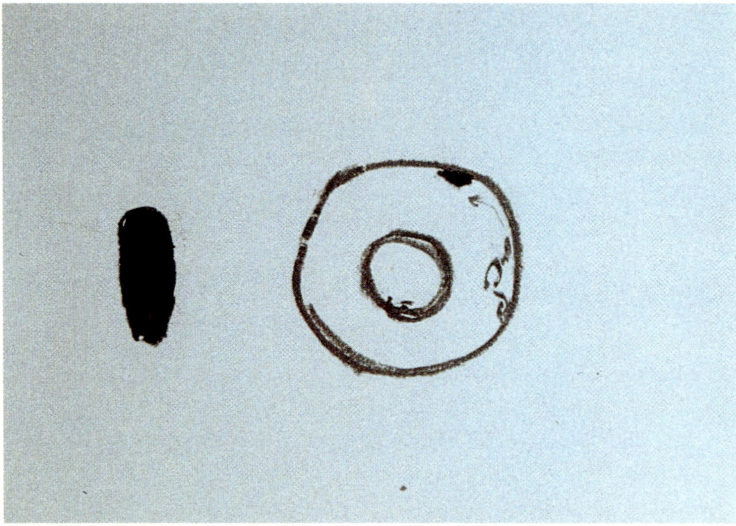

Beispiel

In einer Gesprächstherapiestunde äussert Erich, dass er das Gefühl habe, er drehe sich im Kreis. Er fühle sich wie eingeschlossen, es sei wie eine Wand ohne Ausgang. Ich bitte Erich, dies so aufzuzeichnen, dass man sehen könne, wie diese Wand verläuft.

Bild 1
Dann lasse ich Erich in einer Phantasiereise diese Mauer nach irgend etwas absuchen. Erich kommt zurück und berichtet, es habe nichts, nur Mauer. Ich bitte ihn, dasselbe nochmals, diesmal aber ganz langsam zu wiederholen, um zu sehen und zu spüren, ob es nicht doch irgendwo eine Unregelmässigkeit in der Mauer habe. Er findet einen merkwürdigen Sack, der ganz weit oben hängt. Es gibt keine Möglichkeit, ihn zu ergreifen.

Bild 2
In der nachfolgenden Malstunde bitte ich ihn, das Stück Mauer mit dem Sack und sich selbst dazuzumalen, so dass man sieht, wie weit oben der Sack hängt. Als das Bild fertig ist, fällt es Erich auf, dass die Proportion der Steine nicht mit der Grösse der Person überein-

stimmt: entweder sind die Steine riesig gross, oder der Mensch ist sehr, sehr klein.

Bild 3
Ich frage Erich, ob die Steine übergross seien oder die Figur so klein. Er meint, die Figur sei normal gross. Daher fordere ich ihn auf, die Figur so lange zu vergrössern, bis sie die richtige Proportion zu den Steinen erreiche. Hier wäre einzuwenden, Erich hätte ein neues Bild mit den richtigen Proportionen malen können. Ich habe aber die Erfahrung gemacht, dass es besonders ergiebig ist, wenn die Veränderung auf demselben Bild gemalt wird, da sich der Prozess dann zwar in völlig unerwartete Richtungen entwickeln kann, der Bezug zum behandelten Thema aber bestehen bleibt. Erich vergrössert die Figur schrittweise.

Bild 4
Nun ist die Figur so gross, dass sie proportional zu den Steinen stimmt und fast schon an den Sack heranreicht. Sie muss nur noch die Arme ausstrecken. Es fällt Erich sehr schwer, diesen Schritt noch zu malen.

Als die Hände den Sack endlich berühren, bitte ich Erich, ihn etwas zu verschieben.

Bild 5
Unter dem Sack ist ein Ausgang!

Bild 6
Sich-klein-Fühlen ist nur eine Überzeugung gewesen. Das gemalte Bild zeigt den Unterschied zu seinem inneren Bild. Durch das Tun kann er, sowohl im Bild wie im Leben, Verantwortung für seine Grösse übernehmen.

Einen Monat später entsteht im Atelier spontan das folgende Bild. Wir staunen beide.[1]

1 Zu dieser Zeit kam Erich wöchentlich je einmal in eine Einzel-Gesprächstherapie und in die Malgruppe.

B. Freiwilligkeit

Veränderung einer Überzeugung, Veränderung der Hirnstruktur durch Tun kann nur entstehen, wenn die Handlung auf freiwilliger Basis durchgeführt wird. Wenn jemand mit einer Pistole dazu gezwungen wird, ein Verbrechen zu begehen, ändert er seine Überzeugung nicht dahingehend, dass Verbrechen in Ordnung seien.

Sogar Lernen ist, wie Studien zeigen, von Freiwilligkeit abhängig. Kinder, die durch Belohnungen zum Lernen ‹gezwungen› wurden, wendeten das Gelernte eindeutig weniger an als die Kinder, die freiwillig gelernt hatten.

«Verhaltensweisen, bei denen leicht zu erkennen ist, dass sie durch Einwirkung äusserer Kräfte zustande gekommen sind, initiieren den Prozess der Dissonanzreduktion nicht, und infolge dessen wird auch das System der Überzeugungen nicht bedroht.» *(Gazzaniga)*

Da die Freiwilligkeit so grundlegend ist, muss sie auch dann, wenn die Malenden freiwillig ins Atelier kommen, immer wieder durch spezielle Abmachungen gewährleistet werden. Natürlich muss ich auf solche Abmachungen besonders dann achten, wenn ich in einer Umgebung arbeite, in der die Malenden nicht freiwillig an den Sitzungen teilnehmen. Der Vertrag mit den Malenden lautet auf alle Fälle immer nur auf *Anwesenheit*, nicht auf Malen. Auch der Wunsch für die Arbeit an einem Traum muss von den Malenden aus kommen, oder, wenn der Vorschlag von der Therapeutin kommt, müssen die Malenden ausdrücklich einverstanden sein, dass sich die Maltherapeutin einmischt. Die meisten Schwierigkeiten, denen ich in Supervisionen begegne, beruhen auf unsauberen Verträgen. *Widerstand ist oftmals Ausdruck einer Freiwilligkeit mit Vorbehalt.*

Wenn die Grundlagen geschaffen sind und der Malprozess begonnen hat, stellt sich die Frage, auf was im Bild geachtet werden kann, um den Bildprozess, und damit den Erkenntnisprozess, zu fördern[1]. Dies kann natürlich nur individuell beantwortet werden, bezogen auf die Persönlichkeit und Intuition der Malleiterin. Dennoch versuche ich, den Weg einiger meiner Interventionen zu verfolgen, um herauszufinden, ob sich gewisse Praktiken zu einer Methode verdichten lassen.

Eines ist sicher: wo immer ich mit den Interventionen beginne, nie habe ich eine Ahnung, was dabei herauskommen könnte. Hingegen stelle ich mir die Frage, ob eine Aufgabe malbar ist, bevor ich jemanden dazu auffordere.

C. Das Offensichtliche

In den Bildern schaue ich zunächst nach Bruchstellen. Dort stimmt oft etwas nicht: Ein grosser Bergbach kann nicht nach oben fliessen, schwere Felsbrocken können nicht von vier Holzstecken getragen werden, Dinge sind angeschnitten oder undeutlich gemalt. Das Offensichtliche ist genau das: Menschen haben Füsse und Arme, Himmel haben Wetter und Zeiten, Vögel können fliegen, Schweine nicht, Maschinen haben eine technische Logik, Leute stehen in einer Beziehung zueinander.

Wenn das Bild solche Normen in Frage stellt, hat das eine Geschichte, und diese Geschichte ist von Bedeutung. Gerade weil aber das Offensichtliche simpel erscheint, plump oder kitschig, wird es gerne vermieden. Besonders in der heutigen Zeit, wo viel Übernatürlichem, oft zu Recht, Glauben geschenkt wird, haben Malende die Tendenz, sich Unnatürliches und Symbolisches auszudenken und malen zu wollen. Es ist mir ein Anliegen, dass Sie mich hier genau verstehen. Ich meine nicht, dass

1 Ich verzichte hier darauf, auf die Beziehung der Malenden mit der Therapeutin und auf die Körperhaltung einzugehen. Dies sind ausserordentlich wichtige Aspekte, die jederzeit meine Interventionen und das Timing mitbestimmen. Es würde aber den Rahmen dieses Buches sprengen, darauf einzugehen.

es nicht Merkwürdiges und sehr Merkwürdiges gibt, Dinge die kein Auge je gesehen hat und die dennoch so sind. Diese Bilder haben aber eine innere Stimmigkeit und eine Geschichte, die sich dann wiederum einleuchtend offenbart.

1. Vordergrund – Hintergrund

Das am häufigsten vernachlässigte Offensichtliche ist der Hintergrund. Die meisten Malenden kommen ja mit einem mehr oder weniger schweren Mal- und Zeichentrauma zu mir. In der Schule mussten sie, nachdem sie die Zeichnung endlich fertig hatten, immer noch den ‹Hintergrund› ausmalen. Nie war eine Zeichnung gut genug. Und nun, im Begleiteten Malen, wo es versprochenerweise nicht auf das Realistische ankommt, sollte man genau darauf nicht mehr achten müssen, sollte man sich auf die Hauptsache konzentrieren dürfen. Oft sagen die Malenden darum, der Hintergrund sei nicht wichtig!

Die Hauptsache steht aber immer in einem Kontext, sie findet auf einem Hintergrund statt. Gar nie, und das ist offensichtlich, findet irgend etwas vor nichts statt. Im Gegenteil, es macht einen enormen Unterschied, ob sich ein Löwe im Urwald, im Zoo oder frei auf einer Strasse befindet. Der Hintergrund macht den Sinn aus, den ein Geschehen hat. Ein Schiff auf einem Meer ist in einer anderen Situation bei schönem Wetter, als wenn es stürmt. Das Wetter kann nur herausgefunden werden, wenn der Himmel nicht als ‹Hintergrund›, sondern als Himmel mit Zeit und Wetter behandelt wird. Dieser bearbeitete Hintergrund beeinflusst das, was vorne geschieht, und je nachdem kann es das Bild, die Geschichte und eben den Sinn nochmals völlig verändern.

Viele Leute kommen ins Atelier, weil sie sich endlich dem widmen wollen, was ihnen wichtig ist. Sie beschäftigen sich mit der Hauptsache im Bild, und die ist im Vordergrund. Wenn ich sie frage, wo das stattfindet, sagen sie mir, dass das nicht wichtig sei. Andere bereiten zuerst den Hintergrund vor. Ihre Bilder wirken dann fast wie Bühnenbilder, auf denen das Stück noch nicht begonnen hat. Es geht ihnen wie dem Maler in Mani Matters Lied, der die Wiesen und Wälder malte, um dann die Hauptsache, eine Kuh, abzubilden. Mit dem Hintergrund endlich fertig, war die Kuh weggelaufen. Hier wird die Bedeutung der Umgebung erkannt, viel Aufmerksamkeit wird in die Vorbereitung für die Hauptsache investiert, aber die Hauptsache wird letztlich vermieden.

Hintergrund und Vordergrund beeinflussen sich wechselwirkend. Sie sind offensichtlich und müssen beachtet werden.

2. Das Banale

Die Malenden selber haben die Tendenz, das Schlimmste des Traumes zum Malen zu wählen. Sie wollen die furchterregende Fratze, den Abgrund, das Auto in der Luft darstellen. Diese Szenen sorgen für Aufregung oder machen Angst, sie ziehen die Aufmerksamkeit der Träumenden auf sich. Nun ist es aber eine Tatsache, dass dort, wo es am meisten schmerzt, auch der grösste Widerstand zu finden ist. Wenn die Stelle berührt wird, die weh tut, zuckt man automatisch zurück. Obwohl es hin und wieder nötig ist, das Schlimme genau anzusehen, ist es oft empfehlenswert, gerade diese Szenen in Ruhe zu lassen und sich dem banalen Detail zu widmen. Meistens führt es zu brisanten Inhalten.

Beispiel

Fränzi kommt in einen Kurs «Träumen und Malen». Sie befürchtet, dass in diesem Kurs «etwas passieren» könnte. Darum wählt sie einen banalen Traum zum Bearbeiten, «mit dem ihr nichts anfangen könnt», sagt sie.

Traum: *«Ich stehe da und sehe drei schwarze Vögel am Himmel kreisen. ‹Das bedeutet Kummer›, sagt jemand.»*

Wir bitten sie, genau dieses banale Bild zu malen, die drei Vögel am Himmel.

Bild 1
Vom Banalen gehen wir weiter zum Offensichtlichen: Einer der Vögel schaut hinunter. Was geschieht wohl dort? Wir hängen ein halbes Blatt an.

Bild 2
Es ist nun zwar etwas Boden zu sehen, aber wir haben immer noch keine Ahnung, was der Vogel sieht. Wir gehen weiter mit dem Offensichtlichen und hängen ein weiteres halbes Blatt an.

Bild 3
Auf dem erweiterten Boden entsteht eine Schafherde. Immer noch ist alles banal und friedlich. Nur eine Stelle ist beunruhigend. Fränzi weiss wo, aber nicht was.

Nach einigen erfolglosen Versuchen, dort etwas hinzumalen, bitte ich Fränzi, die Farbe zu nehmen, die gar nicht dazu passen würde (da das Passende offensichtlich zu nichts führte). Fränzi nimmt Signalrot. Nach etlichem Kämpfen entsteht ein rotes Kreuz, das Bild ist fertig, Fränzi tief aufgewühlt. Der banale Traumvogel hat uns den Weg zur brisanten Stelle gewiesen.

Bild 4
Anschliessend baten wir Fränzi, mit Rot, auf einem doppelten Blatt, mit den Händen weiterzumalen. Sie wurde immer aufgewühlter, wütender, trauriger. Sie hieb mit Schwarz auf das Bild und weinte. Dann malte sie ein gelbes Kreuz darüber. «Das ist das Pflaster auf der Wunde. Jetzt können es alle sehen, ich brauche sie nicht mehr zu verstecken.»

Nun konnte die Wunde aber auch ausheilen. Mit diesem Bild konnte Fränzi alte Geschichten, ungute Erfahrungen aus ihrer Kindheit, die sie daran hinderten, sich tiefer auf Beziehungen einzulassen, abschliessen. Nach diesem Umbruch gestand sich Fränzi ihren Wunsch nach einer Partnerschaft ein und begann, sich mit diesem Thema auseinanderzusetzen.

D. Identifikation mit dem Bild

Das Verständnis von Projektion[1] und Identifikation[2] waren ein wichtiger Schritt in der Selbsterkenntnis des Menschen. Fritz Perls hat die Fähigkeit des Menschen, sich mit jemand oder mit etwas anderem zu identifizieren, in seine Arbeit mit Träumen integriert. Er lässt die Patienten sich mit einzelnen, belebten oder unbelebten Teilen des Traumes, z. B. mit einer Autonummer am Boden eines Sees identifizieren. Daraus, und durch den Dialog der Autonummer mit dem See, kann die Patientin zu wichtigen Einsichten gelangen, wie sie ihre Welt organisiert. Durch die Identifikation ist ein hoher Grad an direktem Erleben gewährleistet, an Kontakt mit dem Gefühl. *John Stevens* erweiterte diese Technik auf alles, was in der Umgebung wahrgenommen wird, und es ist erstaunlich, zu welch direkten Mitteilungen über den momentanen Zustand man dadurch kommt. Identifikation ist ein sehr wirkungsvolles Mittel der psychischen Arbeit.

Die neuere naturwissenschaftliche Forschung kam zur Einsicht, dass es tatsächlich keine scharfe Trennung zwischen innen und aussen gibt, dass wir alle eins sind und somit alle für alle und alles verantwortlich. Diese Einsicht wälzt unser Denken grundlegend um und führt, wenn die Konsequenz erkannt ist, zu völlig neuem Verhalten.

Wie viele andere wichtige Entdeckungen in der Psychologie, wurde auch dieses Phänomen bald übertrieben. Projektionen werden nun sehr schnell aufgedeckt. Nicht der andere ist mehr wütend, sondern ich selbst bin es. Es ist nicht mehr angebracht, in Ruhe zu denken, jemand sei faul, und sicherlich darf man sich darüber nicht ärgern. Denn, wer ein bisschen informiert ist,

1 Projektion = das Übertragen von eigenen Gefühlen, Wünschen, Vorstellungen o. ä. auf andere als Abwehrmechanismus

2 Identifikation = emotionales Sichgleichsetzen mit einer anderen Person oder Gruppe und Übernahme ihrer Motive und Ideale in das eigene Ich

weiss, dass dies eine verdrängte Seite seines Selbst ist und daher dem anderen nicht anzulasten. Und man geht mit grossem Eifer daran, ‹an sich zu arbeiten›. Der Wunsch, der andere möge sich verändern, bleibt unausgesprochen, und der Druck zur eigenen Veränderung wird enorm. Das Bearbeiten einer Projektion wird zur übertriebenen Selbstkontrolle und vermeidet damit wirkliche Einsicht.

Wenn die Leute zu mir zum Malen kommen, haben sie oft von Projektion und Identifikation gehört. Sie wollen nicht schummeln und sehen der Sache direkt ins Auge: was immer ich male, bin ich. Merkwürdigerweise geht es so nicht. Wenn ich von vornherein weiss, dass ich die Insel bin, die ich hier male, werde ich sie mit Palmen und Tieren und Sonne versehen, weil ich ja nicht will, dass ich eine öde, ausgebrannte Insel bin ohne Leben. Es ist deshalb eminent wichtig, dass ich so male, als ob das Bild überhaupt nichts mit mir zu tun hätte. Sonst führt es sofort zur Zensur. Warum aber ist es zulässig, sich mit Teilen eines Traumes zu identifizieren und mit dem Bild nicht?

Der Unterschied liegt darin, dass der Traum fertig geträumt und einiges davon vergessen wird, bevor wir uns mit Teilen davon identifizieren. Die Malenden jedoch identifizieren sich dauernd mit ihren Bildern, sogar währenddem sie entstehen. Auch das gemalte Bild soll, wie der Traum, vor der Identifikation abgeschlossen werden. Meine Interventionen verhindern daher ein solch unangebrachtes Sich-Gleichsetzen mit dem Bild. Wenn Leute Angst vor ihren Bildern haben, ist das fast immer ein Resultat der zu frühen Identifikation mit dem Bild und einer Interpretation davon.

1. Zensur

Auch Zensur ist die Folge einer Bewertung oder Deutung des Bildes. Kaum haben die Malenden mit dem Bild begonnen, zensieren sie es: etwas in die Mitte zu malen ist plump, auf einer

Seite unausgewogen, oben nicht geerdet, unten depressiv usw. Dann natürlich die Farbe: rosa ist zu kitschig, braun zu schmutzig, rot zu aggressiv … Lebendig ist besser als tot, farbig besser als grau, fliessend besser als starr.

Merkwürdigerweise haben die meisten Malenden die Tendenz, aus allen möglichen Bewertungen und Interpretationen die schlimmstmögliche Variante herauszufinden und auf sich zu beziehen. Sie nehmen das Bild als Beweis ihres geringen Wertes und besiegeln so ihre Überzeugung. Das tut weh, und es ist ihnen daher nicht zu verübeln, wenn sie die Möglichkeiten, die sie auf dem Bild zulassen, auf Wünschenswertes oder Angenehmes reduzieren. Damit reduzieren sie aber die Bilder auf eine Illustration ihres Wunsches oder ihrer Überzeugung.

In gewisser Weise war es mir lieber, dass früher in der Schule klare Korrekturen der Perspektive verlangt wurden. Man dachte dann zwar, man könne nicht malen, es kam dabei aber niemand auf die Idee, man hätte ein ungenügendes Wesen.

Wir dürfen keine Art von Themen und Farben in unseren Bildern vermeiden, und es ist eine der wichtigsten Aufgaben der Maltherapeutin, dieser Zensur entgegenzuwirken. Natürlich darf die Maltherapeutin selber keine Angst vor Bildern haben und darf ihren Inhalt auch nicht interpretieren.

Häufig verwerfen die Malenden die erste spontane Eingebung. Zensur fällt dadurch auf, dass die Malenden unsicher wirken, vom Bild wegtreten, ästhetische Gesichtspunkte abwägen, Regeln anwenden, sich auf das besinnen, was die Malleiterin früher einmal gesagt hat. Um wieder Zugang zu den spontanen Äusserungen des Unbewussten zu finden, bitte ich die Malenden manchmal, gerade diejenige Farbe zu nehmen, die sie zuerst abgelehnt hatten, oder sogar die Farbe, die sie unter gar keinen Umständen gewählt hätten. Damit ermuntere ich sie, einmal kitschig, unharmonisch, hässlich zu sein. Das Bild bringt uns ja eben gerade ‹Nicht-Ich›-Erfahrungen, die als ‹Ebenfalls-Ich› integriert werden müssen. Und es ist verständlich, dass wir diese zuerst ablehnen und vermeiden.

E. Das Gespräch

Das Gespräch soll beim Malen auf ein Minimum beschränkt bleiben, denn das Malen des Bildes soll im Mittelpunkt bleiben. Gerade wenn die Malleiterin viel Übung in Gesprächstherapie hat, kann es passieren, dass sie zu schnell vom Bild weg kommt und ins Gespräch über Gefühle, Gedanken und Empfindungen gerät. Das Wesentliche an der Maltherapie bleibt aber das Bild. Während des Malens kann die Therapeutin durch ein kurzes Gespräch Verständnis für eine Situation ausdrücken, Bildelemente klären, Vermeidungen konfrontieren, vor allem aber soll sie die Malenden immer wieder auf das Bild, auf das Malen zurückführen. Ich spreche während des Malens nur gerade so lange, dass wieder weiter gearbeitet werden kann.[1]

1. Die drei Ebenen

Das therapeutische Gespräch im begleiteten Malen spielt sich gleichzeitig auf drei Ebenen ab: Es unterstützt die Arbeit am Bild, die Arbeit am Prozess und die Arbeit an der Beziehung zwischen den Malenden, der Maltherapeutin und dem Bild.

1. *Die Arbeit am Bild:* Die Arbeit am Bild ist das Erarbeiten der Bildelemente, die Maltherapeutin zeigt Bequemlichkeit auf, klärt undeutliche Stellen, hilft der Idee des Bildes zum Durchbruch, fängt Angst auf und konfrontiert Resignation. Wenn das Bild fertig gemalt ist, erübrigt sich das Gespräch.

2. *Die Arbeit am Prozess:* Manchmal ist es nötig, den Bezug zum täglichen Leben herzustellen, denn es kann davon ausgegangen werden, dass die Malenden das Erstellen der Bilder auf die gleiche Art und Weise bewältigen, oder eben nicht, wie das Leben.

1 Mehr über Gesprächsführung am Bild erfahren Sie in meinem Buch *Der gemalte Schrei,* Zytglogge Verlag, Bern, 1991

3. *Die Arbeit an der Beziehung:* Die Beziehung zwischen Malenden und Therapeutin ist die Grundlage, auf der die Arbeit am Prozess und am Bild erst möglich wird. Da es über die therapeutische Beziehung ausgezeichnete Literatur gibt, erlaube ich mir, sie hier zu vernachlässigen.

Zwei weitere Beziehungen, die es in der Maltherapie allerdings besonders zu beachten gilt, sind die Beziehungen zwischen der Malenden und ihrem Bild und zwischen der Malleiterin und dem Bild der Malenden. Beide Kontakte sind anfällig für Ängste und werden aus diesem Grund immer wieder unterbrochen.[1]

2. Grammatik

Einen wichtigen Aspekt des Gesprächs möchte ich hier hervorheben. Die rechte Hirnhälfte kann nur grammatikalisch positiv formulierte Sätze verstehen. Negativ Formuliertes wirkt sich in der Umkehrung aus. Wenn wir z. B. sagen: «Ich will mich nicht mehr bedrängen lassen», ‹hört› die rechte Hirnhälfte nur: «Ich will mich bedrängen lassen.» Solche ‹Wünsche› gehen dann nur allzuoft in Erfüllung. Die Maltherapeutin muss daher selber in grammatikalisch positiven Sätzen sprechen und die Malenden auf diese Art der Formulierung aufmerksam machen.

Der grösste Teil des Hirns arbeitet in Bildern und deshalb funktioniert die Verneinung einfach nicht. Oder können Sie sich ein Bild davon machen, dass Sie nicht unter einem Apfelbaum sitzen? In Sekundenschnelle machen Sie sich eine Vorstellung von einem Apfelbaum und sehen sich darunter sitzen, und dann nehmen sie sich weg. Gespräche müssen sich daher mit dem beschäftigen, was man will!

1 Siehe auch Egger, Bettina: *Der gemalte Schrei,* Zytglogge, Bern, 1991

VIII. Menschen malen Träume

«Ich glaube, der Traum ist wirklich der Königsweg zur Integration.»
Fritz Perls

Der Traum bringt fehlende Informationen, die benötigt werden, um ein weiteres Fliessen des Lebens zu gewährleisten, um die Wandlung nicht zu stoppen. Es geht um Öffnen, nicht um Schliessen, um Entfalten, nicht um Eingrenzen. Durch Malen erweitern wir den Traum in seiner eigenen Sprache, der Bildersprache. Durch das Bild, dem wir trauen können, zeigt sich dessen Sinn. Was im Traum verschwommen blieb, wird klar, was weggelassen wurde, wird aufgegriffen. Neues wird sichtbar.

Beispiel

Traum: *«... Ich muss weiter und fahre mit dem Auto aus der schmalen Einbahnstrasse hinaus auf eine breite Strasse, fast ein Platz. Mein Weg führt mitten in einen heftigen Strassenkrawall – in eine Strassenschlacht. Ich kann nirgends mehr abbiegen. Ich halte an und will wenden, aber da kommen drei Halbstarke, kriegsmässig ausgerüstete junge Männer, auf mich zu und verlangen von mir auf hochdeutsch, dass ich sie an die Grenze chauffieren muss. Einer fängt an, mich zu belästigen; ich fühle mich sehr bedroht und sehe keinen anderen Ausweg, als nachzugeben.»*

Bild 1
Gibt es wirklich keinen Ausweg? Ich bitte Gisela zuerst, die Traumszene so zu malen, wie sie sie gesehen hat, ohne Ausweg, denn hie und da liegt sogar im Traumbild selber die Lösung, wenn es gemalt wird.

Bild 2
Gisela fühlt sich ebenso verzweifelt wie im Traum. Nun bitte ich sie, dieselbe Szene aus einer erweiterten Vogelperspektive so zu malen, dass viele Wege sichtbar werden, daraus dann einen zu wählen und ihn zu bezeichnen. Diese Sprache versteht die Seele direkt, hier braucht kein verbaler Bezug zum Leben geschaffen zu werden. Das neue Bild wird verstanden und wirkt.

In der Traumarbeit ist vor allem das wichtig, was im Traum selber nicht sichtbar, nicht erfassbar war. Es gilt, die Umgebung genauer zu gestalten, den Bildausschnitt zu vergrössern, zu schauen, was im Rücken geschieht. Die gemalte Traumarbeit kann mit dem Weiterträumen verglichen werden.

Bevor ein Traum gemalt wird, muss er der Maltherapeutin erzählt werden. Die wirksamste Form der Erzählung ist die Ich-Form in der Gegenwart, als ob man selbst gerade noch einmal im Geschehen drin wäre. Die Maltherapeutin bespricht anschliessend mit der Malenden, welche Szene ins Bild umgesetzt werden soll.

Wenn mir jemand einen Traum erzählt, stelle ich ihn mir bildlich vor. Meistens bleiben eine oder zwei Szenen hängen, in denen ich eine Möglichkeit der Bearbeitung sehe. Häufig frage ich auch nach der brisantesten und nach der banalsten Stelle.

Es gibt drei Gesichtspunkte, die meine Aufgabenstellung beeinflussen:

A. Die Raumperspektive
B. Die Bildschärfe
C. Die Zeitperspektive

Natürlich kommen in jedem Traum alle drei Gesichtspunkte vor. Wenn ich einen Aspekt für die Bearbeitung des Traumes vorschlage, lasse ich mich von den oben erwähnten Kriterien und meiner Intuition leiten. Auch in der Durchführung der Arbeit spielen meistens alle drei Gesichtspunkte eine Rolle, deshalb könnten die nun folgenden Beispiele auch unter einer anderen als der aufgeführten Betrachtungsweise verstanden werden.

Raumperspektive, Bildschärfe und Zeitperspektive sind wichtige Elemente in einem Bild. Wenn sie verändert werden, verändert sich auch das begleitende Gefühl. Aus dem Blickwinkel des Traum-Ichs dargestellt wird eine Szene zum Beispiel brisanter, von einem Beobachter aus gemalt verliert sie an Einwirkungskraft.

A. Raumperspektive

In jedem Traum befindet sich das Traum-Ich in einem Raum, es hat einen Blickwinkel des Geschehens. Dadurch, dass wir unseren Standpunkt nicht verändern können, sind wir im Leben immer wieder blockiert. Eine Bewegung im Raum eröffnet neue Gesichtspunkte. Ich unterscheide vier Möglichkeiten:

1. Ausblick
2. Richtung
3. Distanz
4. Proportion

1. Ausblick

Gewöhnlich sehen sich die Träumenden im Traum selber, die ganze Traumszene wird also aus der Sicht der Beobachtenden wahrgenommen. Das Traumgeschehen kann aber viel unmittelbarer erlebt werden, wenn das Bild aus den Augen des Traum-Ichs oder aus den Augen einer anderen Traumfigur gemalt wird.

Beispiel

Traum: *«Ich sehe meinen Vater am Waldrand Holz schlagen. Meine Mutter steht neben ihm. Ich liege in einer Mulde auf der Wiese. Mit einem weissen Pullover versuche ich, mich in einer Schafherde zu tarnen. Es fällt mir schwer, weil der Pullover zu kurz ist, um meinen nackten Po zu verdecken. Plötzlich merke ich, die Schafe sind alle gar nicht mehr da.»*

Ich bitte Heidi, das Bild vom Ausblick des Vaters zu malen, die Szene also so darzustellen, wie es ihr Vater gesehen hätte. Trotz ehrlicher Bemühung gelingt es ihr nicht. Sie kann das Bild nur so malen, wie sie es, als Beobachterin des ganzen Geschehens, im Traum gesehen hat.

Bild 1
Nach diesem Bild bitte ich sie erneut, das Bild nun von der Sicht ihres Vaters aus zu malen. Diesmal gelingt es.

Bild 2
Am Schluss finden Heidi und ich heraus, dass weder Sich-Verstekken, noch Sich-Tarnen nötig gewesen wäre, denn der Vater kann sie von seiner Perspektive aus gar nicht sehen. Viel gute Energie, die nun anderweitig zur Verfügung steht, ist ins Verstecken und ins Tarnen, in die Angst geflossen, entdeckt zu werden.

2. Richtung

Wenn wir immer nur in die gleiche Richtung schauen, verpassen wir oft Wichtiges. Manchmal geschieht das, was wir wirklich beachten sollten, in unserem Rücken, und wir lassen uns ablenken.

Beispiel

Traum: *«Ich stehe in einem Zimmer und sehe auf den Balkon. Am Geländer dieses Balkons, der sich etwa im 10. Stock befindet, turnt meine Tochter. Sie macht ein fröhliches Gesicht, aber ich bin erstarrt vor Schreck, weil sie auch aussen am Geländer herumturnt. Ich habe panische Angst, dass sie hinunterstürzt. Ich kann aber nichts unternehmen, weil ich Angst habe, dass sie dann erschrickt und erst recht abstürzt.»*

In diesem Traum ist die Träumerin auf eine dramatische Szene konzentriert, sie ist handlungsunfähig, gebannt. Sind wir das nicht oft, wenn wir ein Problem haben? Wenn jemand ein solches Drama im Traum inszeniert, interessiert es mich, was die Träumerin nicht anschaut. Ich bitte sie daher, sich im Traum umzudrehen und das zu malen, was sich in ihrem Rücken befindet. Iris malt ihr Wohnzimmer. Sie malt und malt. «Das reicht, es hat nichts Spezielles», sagt sie mir. «Das reicht …», ist für mich ein Signalsatz. Er klingt nach Aufgeben. Ich frage sie weiter, ob noch etwas fehle, worauf sie ein grünes Sofa erwähnt, das zu malen sie aber keine Lust habe. Ich bitte sie, es dennoch zu tun. Als sie diesen Blickwinkel gemalt hat, ist sie unzufrieden: Dieses Wohnzimmer ist so langweilig! Vor allem das Sofa mache alles so hausbacken und eigentlich hässlich.

Ich spreche mit Iris darüber, was in ihrem Leben so langweilig sei, dass sie es lieber nicht anschauen wolle, und es kommen ihr einige wichtige Dinge in den Sinn, von denen sie nicht gemerkt hat, wie monoton sie durch die Jahre geworden sind. Nun, da es ihr bewusst geworden ist, kann sie aktiv daran gehen, Veränderungen einzuleiten und diese Bereiche zu beleben.

Wir lenken uns ab, indem wir uns mit den Problemen der anderen beschäftigen. Wir lenken uns aber auch ab, indem wir uns mit unserer schrecklichen Vergangenheit aufhalten. Manchmal hilft auch hier eine Veränderung der Richtung.

Beispiel

Traum: *«Meine Tochter wohnt mit ihren Kindern und einer Freundin in einem alten Haus. Sie lässt sie unbeaufsichtigt am Fenster spielen. Ich komme mit zwei Arbeitskollegen auf dem Weg zum Haus und sage: ‹Guckt euch einmal die Kinder an!› Da stürzt der Bub aus dem Fenster, meine Kollegin rennt und fängt ihn sicher auf.»*

Käthi ist von Natur aus hilfreich und auch beruflich mit Kindern beschäftigt, die auf ihre Hilfe angewiesen sind. Warum schaut sie dann auch noch im Traum nach Kindern? Ich bitte Käthi, das zu malen, was hinter ihrem Rücken abläuft. Wie staunen wir beide, als das Bild eine wunderschöne Landschaft enthüllt, die Käthi tief berührt. Im Begleitbrief, den sie mir mit dem genauen Wortlaut des Traumes schickte, schreibt sie: «Ich weiss noch sehr genau, wie viel Freude ich hatte beim Malen.» Es wurde Zeit, das Schöne und nicht das Bedürftige in ihrem Leben zu betrachten.

3. Distanz

Häufig sind wir zu nahe an einem Problem dran, und es würde helfen, einen besseren Überblick zu gewinnen, wenn wir uns etwas entfernten. Die folgenden Bilder entstanden in einem dreitägigen Workshop ‹Träumen und Malen›.

Beispiel

Traum: *«Ich träumte von einem Buddha. Es war mein Vater. Er hatte ein blaues Lendentuch und sass einfach da.»*

Nun ist aber ihr Vater ein asketischer Typ gewesen, und Lena kann sich nicht erklären, was dieser Traum mit ihrem Vater zu hat.

Bild 1

Wir bitten Lena, das Bild so zu malen, wie sie es im Traum gesehen hat. Im ersten Bild ist der Buddha ganz nah, so nah, dass die Träumerin überhaupt nicht sieht, wo er ist. Offensichtlich fehlt in diesem Bild der Bezug des Buddha zur Umwelt.

Bild 2

Ich bitte Lena deshalb zu malen, worauf der Buddha sitzt, und hänge ein Stück Papier an. Es entsteht eine Säule.

Oft ist es am besten, auf dem Weg weiterzumachen, für den ich mich einmal entschieden habe, auch wenn ich nicht im voraus abschätzen kann, ob er richtig ist oder wohin er führt. Es ist nicht hilfreich, wegen Zweifeln, die immer kommen, von einer Idee zur anderen zu hüpfen.

Ich bitte Lena daher, sich in ihrem nächsten Bild vom Buddha zu entfernen, so dass sie besser sehen könne, wo sich diese Säule mit dem Buddha befinde.

Um dies zu erreichen, beginnt sie am gefühlsmässig richtigen Ort auf dem Blatt das zu malen, was sie schon kennt. Hier mit dem Buddha auf der Säule.

Dann malt sie immer an der Grenze dessen, was sie schon weiss, mit der ersten Farbe, die ihr einfällt, das, was sie gerade noch ahnt.

Wenn dies gemalt ist, wird es zum Gewussten, und an seiner Grenze malt sie wiederum weiter am Geahnten.

Dies ist ein sehr langsamer, intuitiver Prozess, der eine ungeheure kreative Spannung enthält.

Durch diesen Prozess entsteht das nächste Bild, in dem sie den Buddha auf einer Säule in einem Zelt in einer bestimmten Umgebung erblickt. Immer noch kann sie nichts mit dem Buddha anfangen.

Bild 3

Die steinige Umgebung und das Zelt sind nun ersichtlich, aber noch immer können wir nicht wissen, wo das Ganze stattfindet. Ich bitte Lena daher, sich noch einmal von der Szene zu entfernen und sich einen weiteren Überblick zu schaffen.

Bild 4
Nun stellt sich heraus, dass dieser Buddha-Vater in unerreichbarer Höhe, erhöht auf einer Säule, sitzt. In Szene umgesetzt spricht Lena zu ihrem Vater und merkt, dass sie ihn, trotz der schmerzlichen Erlebnisse, die sie mit ihm hat, auch bewundert und liebt. Sie ist zu Tränen gerührt und ergriffen.

Bild 5
Zum Abschluss bitte ich Lena, ein Bild mit irgendeiner Farbe zu beginnen und mit dem Finger langsam, von der Mitte ausgehend, eine Form zu finden, die sie sich vorher nicht vorgenommen hat. Es entsteht eine Form, die für Lena wie eine Pyramide aussieht. Was jedoch sind Pyramiden? Königsgräber, Gräber für ganz spezielle Väter. Lena kann so ihre Arbeit mit ihrem Vater abschliessen.

Seit dieser Traumarbeit sind die Erinnerungen an den Vater keine Belastung mehr, eine Belastung, die sie bis dahin immer wieder beschäftigt hat. Lena kann im Gegenteil den ihr wichtigen Vater integrieren.

Zwei Jahre später schreibt sie mir: «Ja, seit der Arbeit am Traum ist mein Vatergefühl friedlich und liebevoll begraben. Immer wieder habe ich Gefühle der Dankbarkeit. Ein einziger Traum hat genügt dazu! Weisst du noch … ich bin so ‹unvorbereitet› ohne Traum ins Seminar gekommen!»

Während den letzten Korrekturen an diesem Buch traf ich Lena zufällig. Sie erzählte mir: «Kürzlich las ich die Beschreibung meiner Traumarbeit nochmals durch. Schlagartig kam mir in den Sinn, dass mein Vater auf seiner letzten Reise nach Ägypten gefahren war! Er brachte mir damals ein kleines schwarzes Onyxkreuz mit, über das ich mich sehr freute und das ich heute noch habe. Kurz danach nahm er sich das Leben. Bitte füge das noch ein!»

Im nächsten Beispiel bot sich die banalste Stelle an, um als Ausgang für die Erweiterung des Blickpunktes zu dienen.

Beispiel

Traum: *«Ich sehe ein paar rote, etwas frivole Sandalen in meiner Garderobe stehen.»*

Bild 1

Ich bitte Fränzi, dieses Gestell mit den Schuhen zu malen, obwohl sie gerade diese Szene innerhalb des gesamten Traumes als sehr banal erlebt hat.

«Was ist hinter dem Gestell?» Ich ergänze das Bild oben mit einem weiteren Blatt und Fränzi malt schliesslich einen Spiegel[1].

1 Siehe auch Egger, Bettina: *Betrachtungen zum Spiegelbild,* Forum für Kunsttherapie, 5. Jg. Heft 1, Frühling 1992

Bild 2
«Was sieht man im Spiegel?» Einen Mann. Ein weiteres Bild von Fränzi, das zeigt, dass sie auf dem Weg ist, sich immer verbindlicher mit Männern auseinanderzusetzen. In diesem Bild taucht einer langsam auf.

4. Proportion

Was das Beachten der Proportion auf dem Bild bedeuten kann, haben wir schon am Beispiel von Erich (Siehe S. 92–96) gesehen – sie kann eine völlig neue Sicht schaffen.

Beispiel

Martin ist resigniert, seine psychische Gesundung geht nicht so schnell vorwärts, wie er sich das gewünscht hatte. Ich frage ihn: «Wenn deine Resignation ein Tier wäre, welches Tier würdest du dafür wählen?»

Martin entscheidet sich rasch für einen Frosch und malt ihn.

Bild 2
Nun bitte ich Martin, den Frosch nochmals aus grösserer Distanz auf ein neues Papier zu malen. Als er damit fertig ist, bitte ich ihn, sich selbst in der richtigen Proportion daneben zu malen.

Martin musste über die neue Sichtweise lachen.

Das Verändern der Proportion kann also bewusst als Mittel eingesetzt werden, um Angst zu verrringern.

Beispiel

Nadine malt den Mann, der sie als Kind zutiefst verängstigt hat.

Bild 1
Während dem Malen spürt Nadine die ganze Angst der Kindheit wieder. Nun hänge ich ihr zwei Blätter daneben und bitte sie, sich selbst in Lebensgrösse darauf zu malen (nun war sie ja ‹gross›).

Bild 2
Nun kann Nadine ihr Erwachsensein spüren und den Mann und das Erlebnis mit ihm in einer bereinigten Proportion sehen.

B. Bildschärfe

Träume haben immer undeutliche Stellen. Oft wissen wir, dass etwas da war, wissen aber nicht was. Manches, das da sein müsste, fehlt gänzlich, und hie und da meint der Traum das Gegenteil. Natürlicherweise interessiert uns am Traum das, was wir genau gesehen haben. Das Undeutliche wird oft als nicht so wichtig abgetan. Wenn wir die Träume bearbeiten, sind aber gerade diese unscharfen Stellen Bruchstellen, an denen wir den Traum abholen können. Ich unterscheide vier Aspekte, die zum Fokussieren herausfordern:

1. Das Unscharfe
2. Das Unbekannte
3. Das Fehlende
4. Das Gegenteil

1. Das Unscharfe

Oft träumen wir von Menschen, deren Gesichter wir nicht erkennen, von Geschehnissen, deren Umgebung unklar bleibt, von Gegenständen, die wir nicht genau benennen können. Durch Malen können wir sie verdeutlichen.

Beispiel

Traum: «*Ich bin mit meinem Freund am Bahnhof und warte auf einen Zug. Plötzlich muss ich nochmal aufs Klo, und so mache ich mich auf die Suche nach einem WC. Ich muss recht weit laufen, finde aber keine benutzbare Toilette. Plötzlich sehe ich in der Ferne einen Zug einfahren und vermute, dass es der unsrige ist. Ganz schnell will ich zurück. Auf einer Uhr sehe ich, dass es fünf vor fünf ist, und obwohl ich weiss, dass ich nur noch wenige Minuten Zeit habe, geht es doch darum, schnell bei meinem Partner zu sein. Da der Rückweg so lang und umständlich ist, frage ich eine Kioskfrau, ob es nicht eine Abkürzung gäbe. Sie verneint das. Ich rufe laut, das sei aber ganz wichtig!*

Da öffnet mir eine Reinigungsfrau eine unauffällige, schäbige Holztüre. Sie sagt, dass ich durch drei Etagen käme, zuunterst wären die Kindersärge, und dort würde auch eine Spinne hausen. Die Spinne sei zwar etwas langsam, aber ich solle mich beeilen, damit sie mich nicht erwische. Ich verschwinde also hinter dieser Türe, die in einen abschüssigen Gang führt.» (Hier geht der Traum noch weiter, das Folgende ist aber in diesem Zusammenhang nicht von Belang.)

Gerade bei so langen, komplizierten und gefühlsmässig intensiven Träumen bitte ich die Träumenden, die banalste Stelle des Traumes zu bezeichnen. Olga nennt die Putzfrau und die Bahnhofuhr. Ich schlage Olga nun vor, diese Putzfrau und die Uhr zu malen. Olga wendet ein, dass sie ja nicht wisse, wie die Putzfrau aussehe. Ich versichere ihr, dass es sich durch das Malen ergeben würde. Nachdem sie sich um das Gesicht bemüht hat, scheint es ihr plötzlich, dass die Putzfrau ihrer Mutter gleiche.

Olga arbeitete mit ihrer Psychotherapeutin weiter an diesem Traum. Durch das Bild erkannte sie die Putzfrau als zentrale Traumfigur, aber auch als sich selbst. Ein Kindheitserlebnis, das Olga vergessen hatte, wurde ihr bewusst. Dadurch, dass im Malen die banale, unscharfe Figur ernst genommen wurde, konnte Olga daran weiterarbeiten und wichtige Schlüsse für ihr Leben daraus ziehen.

SBE

Beispiel

Traum: *«Meine Eltern geben ein Fest. Im grossen Wohnzimmer sind alle Leute versammelt, es wird musiziert. Salonmusik. Mir ist nicht wohl, ich langweile mich. Ich gehe hinaus, komme in ein kleineres Zimmer. Da steht auf einer Säule ein kleiner Holzkopf. Ich bin ganz fasziniert, schaue ihn an, und plötzlich, ohne dass ich etwas tue, fällt er herunter. Ich erschrecke fürchterlich. Schnell will ich wieder zurück. Zu spät.»*

Bild 1
Erich malt von sich aus den Kopf auf dem Sockel und findet dabei heraus, dass es sein Vater ist. Durch Malen zeigt das Bild, was im Traum selbst nicht ersichtlich ist.

Warum fällt der Kopf herunter? Offensichtlich hat Erichs Anwesenheit in diesem Zimmer etwas damit zu tun. Während Erich mir den Traum erzählt, fallen mir kleine Kinder ein, die sagen, das Glas sei heruntergefallen, dabei haben sie es aus Versehen umgestossen.

In dieser Traumarbeit geht es also darum, dass Erich anerkennt, dass er selber es ist, der den Kopf des Vaters vom Sockel gestürzt hat.

Zwei Jahre später schrieb mir Erich: «Ja, für mich war die Arbeit mit diesem Traum sehr wichtig, um eben zu spüren, dass ich nicht nichts tun kann, und somit eben auch die Verantwortung für mein Tun übernehme.»

Bild 2
Erich kommt weiter ins wöchentliche Malen und hat, drei Jahre nach dem Traum, Lust, ein Portrait zu malen. Kaum hat er es skizziert, weiss er, dass es sein Vater ist. Das «Sockelbild» und auch sein momentaner beruflicher und persönlicher Erfolg kommen ihm in den Sinn. Während dem Malen kommt das Bedürfnis, dem Vater gerecht zu werden, ihn so darzustellen, wie er ihn als Mensch sieht.

Erich sagt dazu: «Ich kann meinen Vater jetzt als Mensch sehen, schätzen und lieben. Er ist für mich nicht mehr nur mein Vaterbild. Es gibt mir ein warmes Gefühl. Ich interessiere mich viel stärker für ihn, dafür, was er eigentlich alles tat und wie er ist. Ich sehe deut-

licher seine Stärken und Schwächen, sei es seine hilfreiche Art, seine Freude, seine Wünsche ... Und ich spüre, er ist ein alter Mann. Das macht mir auch ein wenig Angst. Ich möchte mehr Zeit haben für ihn. Und – ja ich möchte ihn einfach umarmen. Nein, mein Vater zeigt kaum Gefühle, es soll mich aber nicht hindern, ihm meine zu zeigen und ihm auch zu danken. Ich bin froh, mich mit ihm soweit versöhnt zu haben.»

Die Traumarbeit, die mit einem Bild beginnt, findet also manchmal erst nach Jahren ihr Ende.

Immer wieder kommen böse Figuren im Traum vor, die unachtsam sind, weh tun, sich falsch benehmen. Gerade hier gilt es ebenfalls, genau hinzuschauen, wer es eigentlich ist und was geschieht.

Beispiel

Traum: *«Eine schattenhafte Frau hat ein eigenartiges Geschöpf geboren. Ich umhege es mit grosser Zärtlichkeit. Es ist ein liebenswürdiges Kugelwesen, Kopffüssler, Bauchmenschlein. Die Frau stellt das Wesen unsanft auf einen Steinsims. Ich umhülle es mit einem Tüchlein, wie mit einem Kopftuch schütze ich es, da es sich sonst auf dem nackten Steinsims erkälten würde.»*

Zuerst bitte ich Petra, das Wesen zu malen. Da ihr nicht klar ist, wer die schattenhafte Person sein könnte, hänge ich ihr oben noch ein Blatt an, damit sie erkennbar wird. Während des Malens kommt Petra mit heftigen ablehnenden Gefühlen der Frau gegenüber in Kontakt.

Nach einer Weile muss Petra aber zugeben, dass die schattenhafte Frau vor allem lebenslustig und sexy ist, der «liebe» Kopf aber lediglich ein Wasserkopf, der nichts hergibt! Und ausgerechnet ihn schützt sie, während sie die Frau ablehnt!

Petra schrieb mir später: «Beim letzten Gespräch wurde sehr deutlich, was da auf den Tisch gestellt werden musste: mein suchtkranker Sohn. Ich merkte plötzlich, was für einen leeren Kindskopf ich da verhätschelte. Ich bekam einen heiligen Zorn, schmuggelte ihn (den Zorn) nach Hause und konnte mit der Kraft der Aggression ein starkes, klares Gespräch führen, DEUTLICH.»

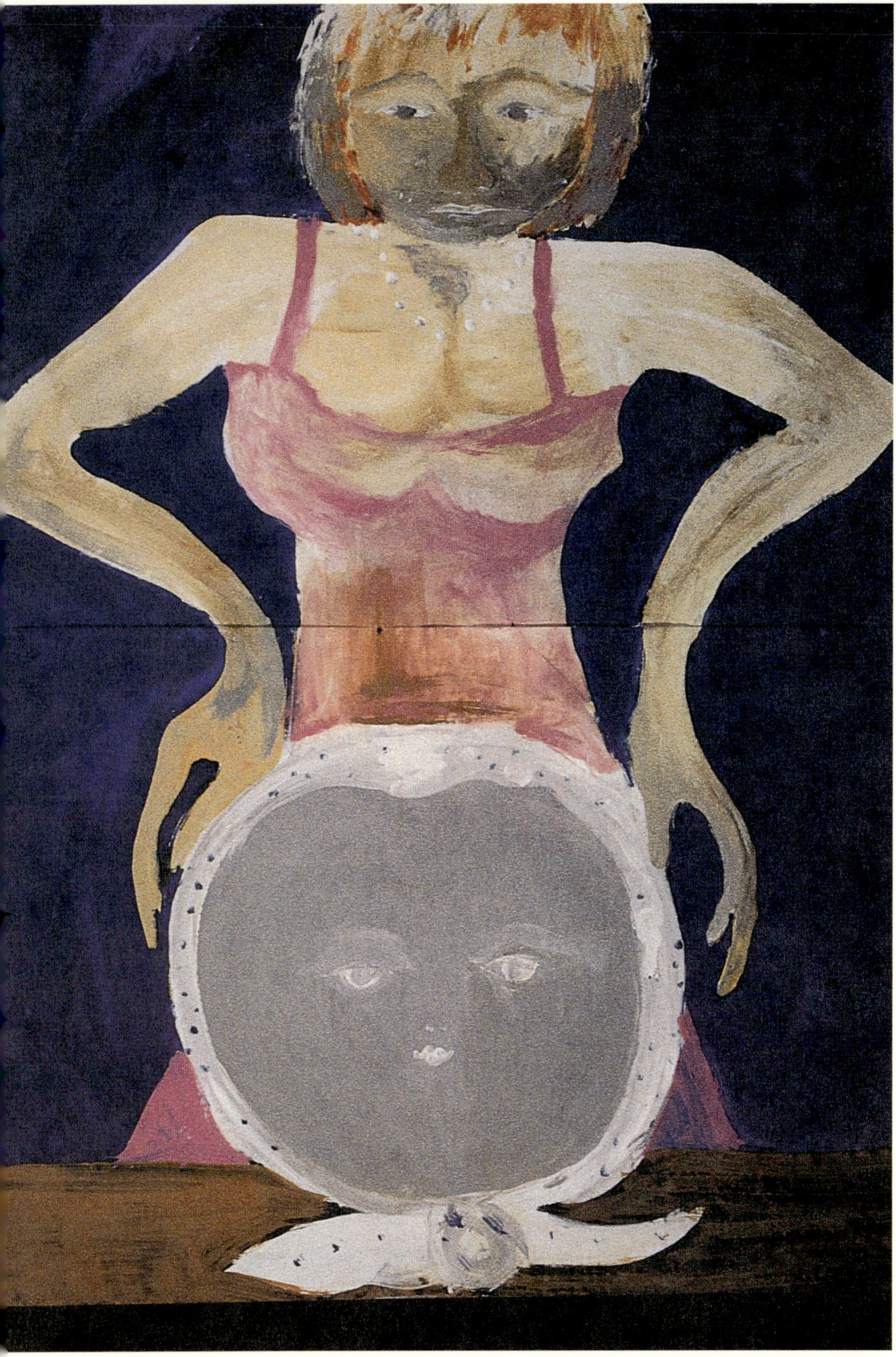

2. Das Unbekannte

Manches ist im Traum nicht ersichtlich, und es gilt, das Unbekannte zu erkennen.

Beispiel

Traum: *«Ich gehe durch eine Stadt und merke, dass ich Skischuhe anhabe. Sie sind schwer und behindern mich. Ich gehe in ein Schuhgeschäft, um leichtere, bequemere Schuhe zu kaufen. Der Verkäufer macht mich darauf aufmerksam, dass unter dem Skischuh die Achillessehne verletzt sei, so dass ich den Schuh nicht ausziehen könne.»*

Ich bitte Regula, diesen Fuss zu malen, so dass wir die Wunde sehen. Damit die Erfahrung noch spürbarer wird, bitte ich Regula, dieses Bild mit den Händen zu malen. Regula zögert, malt dann aber den Fuss und den Schuh dazu. Als sie die Wunde auf dem Bild berühren soll, ist ihr dies fast nicht möglich. Sie zuckt zurück, berührt in kurzen, feinen Impulsen, stösst Laute von Weh und Ekel aus.

Regula hatte ihr bisheriges Leben mit viel Freude ihrer grossen Familie gewidmet und dabei nicht bemerkt, dass diese Lebensform immer mehr zu einem äusseren Halt geworden war. Als sie mit Malen begann, machte sich deutlich und schmerzlich bemerkbar, dass es Zeit geworden war, die inneren Druckstellen ernst zu nehmen und sich auf eine neue Lebensphase vorzubereiten.

Wir wandern in seelischen Skischuhen herum, sie sind zwar unbequem, aber sie geben uns Halt. Die darunterliegende Verletzung bleibt unentdeckt, bis ein Fachmann kommt, dem wir es zeigen und der das Problem erkennt. Seinen Skischuh auszuziehen, die Wunde zu betrachten und zu berühren, ist nicht ohne. Für Regula gab es zwischen Malen und Wirklichkeit keinen Unterschied – es war, wie wenn sie tatsächlich ihr eigenes Fleisch berühren würde.

Beispiel

Traum: *«Ich komme in ein mir unbekanntes Haus und sehe zwei nüchterne, blaugrüne Türen, dazwischen ein helleres, leeres Fächergestell. Die eine Türe ist mit ‹Labor› angeschrieben, die Anschrift der anderen Türe kann ich nicht lesen.»*

Ich bitte Fränzi, sich dem offensichtlich Unbekannten zuzuwenden, die beiden Türen zu malen und zu schauen, ob sich die unbekannte Türe zu erkennen gibt. Vielleicht zeigt sich ja die Anschrift der Türe beim Malen?

Bild 1
Wie im Traum erscheint auch auf dem Bild keine Schrift, keine weitere Information, aber auch keine Warnung. Ich bitte Fränzi deshalb, die Türe zu öffnen und zu schauen, was sich dahinter befindet. Wie aber kann sie etwas malen, das sie nicht weiss?

Eine der zentralsten Ideen dieser Art von Traumarbeit ist, zu malen, was man nicht weiss. Dazu ist eine Technik erforderlich, die direkt, ohne verbale Übersetzung, zum Bild kommt. Wenn wir an die Einsichten aus der Hirnforschung denken, muss diese Technik über den visuellen Kanal durch das Tun erfolgen. Wie kann im Traum von Fränzi nun das gemalt werden, was hinter der Türe ist? Dafür sind vier Schritte nötig:

1. Ich bitte die Malenden, sich spontan für eine Farbe zu entscheiden. Fränzi entscheidet sich für violett.

2. Dann bitte ich sie, sich für einen Platz auf dem Blatt Papier zu entscheiden. Fränzi beginnt unten in der Mitte des Blattes.

3. Die Farbe wird mit dem Finger langsam von einem zentralen Punkt aus nach aussen vergrössert. Bei Fränzi entsteht eine breite, flache Form.

4. Während dieser Vorgang von der Phantasie geleitet wird, entscheidet sie sich, was es werden könnte. Fränzi merkt, dass es ein Doppelbett gibt.

Bild 2
Durch das Malen ist bei Fränzi also ein breites Bett entstanden, das offensichtlich bequem für zwei Personen Platz hat. Dieses Bild entstand in einer Zeit, als Fränzi immer deutlicher wagte, eine Beziehung zu einem Mann in Betracht zu ziehen.

Wenn ein Bild auf diese Weise entsteht, muss die Maltherapeutin speziell auf Zensur, Angst, Wünsche achten. Unterbrechungen im Fluss, plötzliche Veränderungen, Abbruch, deuten immer darauf hin, dass entweder eine Phantasie verscheucht oder dass das Bild interpretiert wird. Es ist kaum zu glauben, zu welch überraschenden und gleichzeitig stimmigen Bildern diese Technik (Farbe, Ort, Vergrössern, Phantasie) führen kann (siehe auch S. 125).

Zum Unbekannten gehört auch das, was im Traum nicht sichtbar ist, weil es hinter dem Haus, unter dem Boden, in der Tasche steckt, wobei das, was nicht sichtbar ist, ursächlich mit dem Geschehen im Traum zu tun hat.

Beispiel

Traum: *«Ich gehe zur Toilette. Beim Abspülen sehe ich, dass die Toilette verstopft ist. Die ganze Scheisse ergiesst sich ins Bad. Verzweifelt versuche ich durch mehrmaliges Spülen, den Abfluss durchgängig zu bekommen, aber die Überflutung mit Wasser und Scheisse wird nur noch schlimmer. Ich schäme mich, fühle mich ganz schmutzig, weiss nicht, wie ich die ganze Scheisssituation beheben soll.»*

Dazu sagt Susanne: «Beim Erwachen fühlte ich mich miserabel, wie in Scheisse gebadet. Schon oft habe ich ähnliche Träume geträumt.»

Ich bitte Susanne, das Bild so zu malen, dass man sieht, warum die Scheisse nicht abfliesst.

Bild 1
Auf dem Bild wird nun erkennbar, dass die Abflussrohre labyrinthähnlich verlegt worden waren, dass sie einen Knoten bilden, durch den die Scheisse natürlich nicht abfliessen kann. Ich bitte Susanne deshalb, den Klempner zu spielen und die Rohre so zu verlegen, wie es sich gehört.

Bild 2
Nachdem Susanne diese Aufräumarbeit säuberlich auf dem gleichen Bild ausgeführt, alle überzähligen Rohrteile schön aufgeschichtet und zum Abtransport bereitgestellt hat, fühlt sie sich befreit und wohl. Sie schrieb zwei Jahre später, dass der Traum seit diesem Bild nicht mehr aufgetaucht sei.

3. Das Fehlende

In Träumen wird oft etwas ausgelassen. Es sind Dinge, die an bestimmten Orten fehlen, Dinge, die weggelassen oder nicht getan werden. Wenn wir daran denken, dass sich das Hirn primär nicht eine Absenz vorstellen kann, bekommen diese ‹Löcher› eine besondere Bedeutung.

Beispiel

Bild 1

Traum: *«Ich gehe mit meinem Freund in ein Restaurant. Alles ist schön gedeckt für das Festessen nach der Trauung. Ich weiss, das wir von der Kirche kommen, wo wir geheiratet haben.»*

Bild 2

Da Thea beruflich mit der Kirche verbunden ist, hätte gerade die Szene in der Kirche eine besondere Bedeutung. Ich bitte sie daher, die Szene, die sie nicht geträumt hat, zu malen. Auf ihrem Bild steht die Braut mit abgewandtem Kopf da. Die Stelle, an der der Bräutigam seine junge Frau hält, ist undeutlich. Die Braut hält den Arm steif, der Mann muss ihn ergreifen. Wie sieht das wirklich aus, wenn ganz gewöhnlich geheiratet wird? Thea entscheidet sich, dass sich die Brautleute eigentlich an den Händen halten. Nun geht sie daran, dies zu malen. Es fällt ihr schwer und während dieser ganzen Zeit beschäftigt sie sich damit, dass sie sich eigentlich noch nicht ganz für ihren Freund entschieden hat, dass der letzte Schritt, mit ihm zu leben, noch fehlt. Dies findet nun Ausdruck im Bild, während der Traum schonend diese Stelle auslässt.

Schon das Erkennen einer Schwierigkeit ist ein grosser Schritt. Im Bild kann aber noch mehr gewagt werden. Wie sähe diese Stelle aus, wenn sich die Braut für ihn entscheiden würde? Thea malt die Hände ineinander verschlungen, der Kopf der Braut bleibt weiterhin abgedreht. Ein tiefes Erlebnis von ‹das ist es›, geht mit dem Fertigstellen des Bildes einher.

Thea sagt dazu: «Das Thema ‹Sich-Einlassen› ist seit diesem Bild in unserer Partnerschaft bewusster Gesprächsinhalt geworden. In

unseren Begegnungen habe ich nun eine Wahl zwischen Handgeben (Zuwenden) oder Mich-Entziehen. Vorher geschah es einfach. Zudem wird das Anliegen immer deutlicher – und ‹die Braut› wird lernen, was es heisst, sich ihrem Gegenüber voll zuzuwenden.»

Zu unserem grössten Erstaunen träumte Thea ein Jahr später: *«Ich bin irgendwo in den Ferien und in einer Kirche. Es ist gerade eine Trauung, zu der ich eigentlich eingeladen wäre. Ich sehe nur die Rücken des Brautpaares. Die Braut hatte mich eingeladen. Sie hat dem Pfarrer auch von mir erzählt. Ich komme also in diese Kirche, – viel zu spät! Ich höre gerade noch das Schlussgebet. Die Braut sagt, der Pfarrer hätte etwas speziell für mich gesagt.»* … (Im Folgenden wiederholt der Pfarrer das Gebet, das speziell an Thea gerichtet war mit der Bemerkung: ‹Was dich angeht, hast du gehört, als du hereingekommen bist.›)

Obwohl mir diese Szene bekannt vorkommt (ich erinnere mich an das obige Bild), bitte ich Thea, das Paar beim Ja-Sagen aus der Sicht des Pfarrers zu malen. Als sich die Braut im Bild wieder von ihrem Bräutigam abwendet, wird Thea wütend auf mich: «Du kommst immer auf Altes zurück! Diese Szene zu malen, ist nur eine Wiederholung!» Ich selber bin mir nicht mehr sicher, hätte es vielleicht einen vergnüglicheren Teil des Traumes zu malen gegeben? Das Bild ist verpfuscht, es wird in der ersten Malsitzung nicht fertig.

Bild 3

In der folgenden Woche merkt Thea, dass gerade das Zu- und Abwenden in ihrer Beziehung erneut ein verstecktes Thema ist. Sie malt nun mit aller Inbrunst die Szene, wie sie nach dem Ja-Wort aussieht. Seither spricht sie mit ihrem Partner über eine Heirat.

Beispiel

Traum: *«Im Heim wurde von der Leitung ein Ausflug vorgeschlagen. Da das Wetter sehr unbeständig war, beschlossen die Sozialpädagoginnen, gegen den Ausflug zu sein. Die Heimleitung sagte uns darauf, dass wir sehr faul und unmotiviert seien. Diese Aussage ärgerte mich sehr. Ich stand auf und sagte, dass ich es nicht ertrage, wenn die Heimleitung behauptet, wir seien unmotiviert. Ich sprach immer lauter und lauter, und alle mussten mir zuhören. Am Schluss sassen nur noch die beiden Heimleiterinnen an einer grossen Tafel, und ich sagte ihnen alle Schande. Eine der beiden Leiterinnen wurde sehr wütend auf mich und kam mit wild offenen Haaren auf mich zu und schrie mich an. Nach diesem Auftritt ging ich in Begleitung einer Freundin hinaus. Draussen wartete noch eine andere Freundin auf mich. Ich war immer noch sehr wütend und aufgebracht. Wir verliessen darauf die Szene.»*

Nachdem Ursula die wütende Leiterin gemalt hat und wir Kursleiter keine spezielle Energie darin feststellen können, bitten wir sie, das Ausflugsziel zu malen, wo sie partout nicht hinwill.

Da dieser Traum in einem Kurs ‹Träumen und Malen› erzählt wurde, hatten wir die Möglichkeit, das Traumbild auch in Szene zu setzen. Ursula fand durch das anschliessende Rollenspiel heraus, dass sie sich gegen das steife, geordnete Lebensmuster der Mutter mit viel Vehemenz auflehnte, Vehemenz, die Energie kostete und eigentlich gar nicht mehr nötig war. Kurze Zeit später hat sie ihren langjährigen Freund geheiratet. Später schrieb sie mir: «Ich weiss jetzt, dass ich mich gegen viele Erwartungen meiner Eltern auflehnte und so meine eigenen Wünsche unterdrückte. Ich freue mich jedenfalls, dass ich in Sache Heirat meinem Weg und meinem Wunsch nachgegangen bin, das macht mich sehr glücklich.»

4. Das Gegenteil

Hie und da spricht der Traum zu uns im Gegenteil: er spricht zum Beispiel von Geburt und meint Tod. Ob es das Gegenteil bedeutet, wird manchmal erst ersichtlich, wenn das Bild gemalt ist. Gelegentlich aber ist der Gefühlsbezug schon beim Erzählen so, dass die ganze Energie beim Gegenteil ist.

Beispiel

Traum: *«Es wird mir ein Häuschen 4x6m zu Fr. 134'000 angeboten. Zuerst freue ich mich, dann finde ich es zu klein, es hat keine Heizung. Das sehr kleine Elektromobil überzeugt mich auch nicht, es ist so langsam und überhaupt ...»*

Während mir Käthi den Traum erzählt, spürt sie, dass sie eigentlich nicht immer mit dem zufrieden sein will, was sie bekommt. Schluss mit Genügsamkeit! Ich bitte Käthi, das Bild von dem Haus und dem Auto zu malen, das sie eigentlich will. Das neue Bild zu malen, schaffte ihr grosse Erleichterung, und sie schwelgte im Malen.

Im Traum wurde Käthi deutlich gemacht, wie sehr sie sich beschränkt, indem sie sich nie wirklich das vorstellt, was sie eigentlich möchte. Seither setzt sie sich viel besser für sich selber ein, mutet sich auch schwierigere Aufgaben zu und mischt sich unter neue Menschen. Ihre Lebensqualität hat sich erhöht.

C. Zeitperspektive

Oft hören Träume auf, weil die folgende Szene zu grosse Angst auslösen würde. Dies muss nicht immer etwas Schreckliches sein: Zwei Kanarienvögel sitzen in einem offenen Käfig. Wo sind sie zwei Stunden später? Die Verschiebung der Zeitperspektive zeigt manchmal erst, worum es wirklich geht.

Beispiel

Traum (eines ehemaligen Flugzeugstewards): *«Ich bin im mittleren Galley im Flugzeug. Es ist ein schöner, ruhiger Flug. Plötzlich kommen Telephonate aus allen Galleys herein, dass sämtliche Essschälchen in den Öfen leer sind.»*

Wie sieht das aus, wenn es weiter geht, so wie der Traum angelegt ist? Ich bitte Werner, den Passagier zu malen, der gerade erfahren hat, dass es nichts Warmes zu essen gibt.

Bild 1
Ich betrachte das Bild. Dann frage ich Werner, ob sich die Passagiere wirklich so ohne weiteres mit einer solchen Tatsache abfinden würden wie dieser gemalte Mann. Werner verneint aus Erfahrung vehement. Ich bitte ihn, das Bild zu bearbeiten, dass der Passagier so wütend aussieht, wie er ist.

Bild 2
Kaum ist das Bild fertig, merkt Werner, dass er selber eigentlich wütend ist. Jetzt kann er einer unguten Situation im Alltag angemessener begegnen.

Auch Konsequenzen einer Traumtat, die im Traum nur angedeutet wurde, können mit dem Verändern der Zeitperspektive hervorgehoben werden.

Beispiel

Traum: *«Meine Mutter sagt der Putzfrau, sie gehe jetzt.»*

Ich bitte Verena, die Mutter in der Türe zu malen, einen Schritt weiter also, als Verena geträumt hat.

Bild 1

Nun bitte ich sie, die Türe hinter der Mutter zu schliessen, d. h. das Bild der Mutter mit der Türe zu übermalen.

Bild 2

Verena fühlt sich erleichtert. Dieses Resultat war nicht voraussehbar, ebensogut hätte sie merken können, dass sie eigentlich nicht will, dass die Mutter geht. Darum ist es wichtig, die Handlung zu Ende zu führen.

1. Alpträume

Es gibt verschiedene Ansatzpunkte, um mit Alpträumen zu arbeiten. Hier beschreibe ich Ihnen die Auffassung, die mir am nützlichsten ist. Auch der Alptraum hat mit Zeit zu tun. In gewisser Weise dauert er zu lange. Das wichtigste und oft banale, schöne Element findet meistens in der allerersten Traumszene statt. Eine unvernünftige Entscheidung verlängert ihn und führt dadurch zur Katastrophe.

Beispiel

Traum: *«Ich sitze mit einer Freundin in einem wunderbaren Garten. Es hat hohe Bäume, viele Blumen, und der Himmel ist glasklar. Wir geniessen den schönen Tag. Plötzlich aber muss ich die Eintrittsprüfung für eine Ausbildung machen. Aus irgend einem Grund verliere ich meinen Fragebogen. Meine Freundin gibt mir ihr Antwortblatt, damit ich die Fragen darauf ableiten kann. Wie vorhin verschwindet aber nun das weisse, leere Blatt, und nur noch Schnipsel bleiben zurück. Ich bin sehr gestresst und ärgere mich, denn ich bin mir sicher, dass ich die Fragen gut hätte beantworten können.»*

Ich bitte Zita, diesen wunderschönen Garten zu malen und ihn dabei zu geniessen. Alles weitere hat sie unnötigerweise inszeniert.

Während dem Malen wird Zita immer glücklicher. Es fällt ihr immer leichter, die grosse Arbeit, die sie in der vergangenen Maltherapie geleistet hat, anzuerkennen und ihre Wandlung als Wirklichkeit zu spüren.

Wenn das Geschehen im Traum für mich zu verwirrend ist, bitte ich die Träumerin, den Traum abgekürzt, nur der Struktur nach, ohne Inhalt, aber mit den dazugehörigen Gefühlen zu erzählen. Vor allem ist es hilfreich, alles was im Traum getan werden musste, oder was angetan wurde, als eigene Entscheidung umzusetzen. Das obige Beispiel würde etwa lauten: «Ich bin glücklich an einem wunderschönen Ort. Dann gebe ich mir eine Aufgabe, nehme sie mir gleichzeitig wieder weg und stresse mich.»

D. Vermeidungsstrategien (kein Bock auf neue Erfahrungen)

Vermeidungsstrategien beim Bearbeiten von Träumen sind normal. Sie zeigen sich dadurch, dass die Malenden nicht wirklich ausführen, was wir besprochen haben. Wenn ich eine Aufgabe zum Traum gestellt habe, ist es wichtig, dass ich die Malenden genau beobachte und sie allenfalls mit der Diskrepanz zwischen der Aufgabe und der Lösung konfrontiere. Dann müssen wir uns wieder darüber einigen, was bearbeitet werden soll und wie.

Vermeidungsstrategien können sich auf verschiedene Arten äussern. Hier seien vier wichtige herausgegriffen:

1. Symbolisieren
2. Verniedlichen
3. Übertreiben
4. Unterlassen

1. Symbolisieren

Symbole sind Erklärungen, also Illustrationen von dem, was gedacht wird. Sie entfernen vom Gefühl und bringen keine neue Erkenntnis.

Beispiel

Traum: *«Ein Liftschacht brennt.»*

Ich bitte Amelie zu untersuchen, wo und weswegen der Brand ausgebrochen ist. Sie malt einen feuerspeienden Löwen.

Bild 1
Dies ist ein illustratives Symbol. Löwen haben nicht wirklich etwas mit brennenden Liftschächten zu tun. Weder speien Löwen generell Feuer, noch leben sie an diesem Ort. Ich bitte Amelie deshalb, nochmals ein Bild zu malen und genau zu schauen, was denn eigentlich zuerst gebrannt hat. Nachdem sie den Hintergrund wieder gelb gemalt hat, weiss sie plötzlich, dass es eine unachtsam weggeworfene Zündholzschachtel gewesen ist, die nun brennt.

Bild 2
Im Gegensatz zum ersten berührt dieses Bild Amelie tief. Amelie hat die Tendenz, Situationen zu dramatisieren und zu übertreiben, und ist daher oft nicht im Kontakt mit sich selbst und der Umwelt. Nun, da die Ursache des Brandes konkret auf eine kleine Unachtsamkeit zurückgeführt ist, kann sie diesen Traum auch leicht auf ihre Lebenssituation bezogen verstehen.

2. Verniedlichen

Wenn etwas verkleinert, versüsst wird, wirkt es nicht mehr so stark: ein Hündchen ist weniger gefährlich als ein Hund, ein mit Blumen bekränzter Mann ist sicher nett.

Beispiel

Traum: *«Ich sehe eine Made im Badezimmer.»*

Bild 1
Amelie malt die Made ziemlich schnell, hat aber keinen tieferen Bezug zu ihr, findet sie sogar lustig. In der Tat könnte man ihr nur noch ein Hütchen aufsetzen, und sie käme frisch aus einem Comic. Amelie bezieht den Traum sehr schnell auf unerledigte Aufträge und stellt diese symbolisch durch einen Stapel Papiere dar.

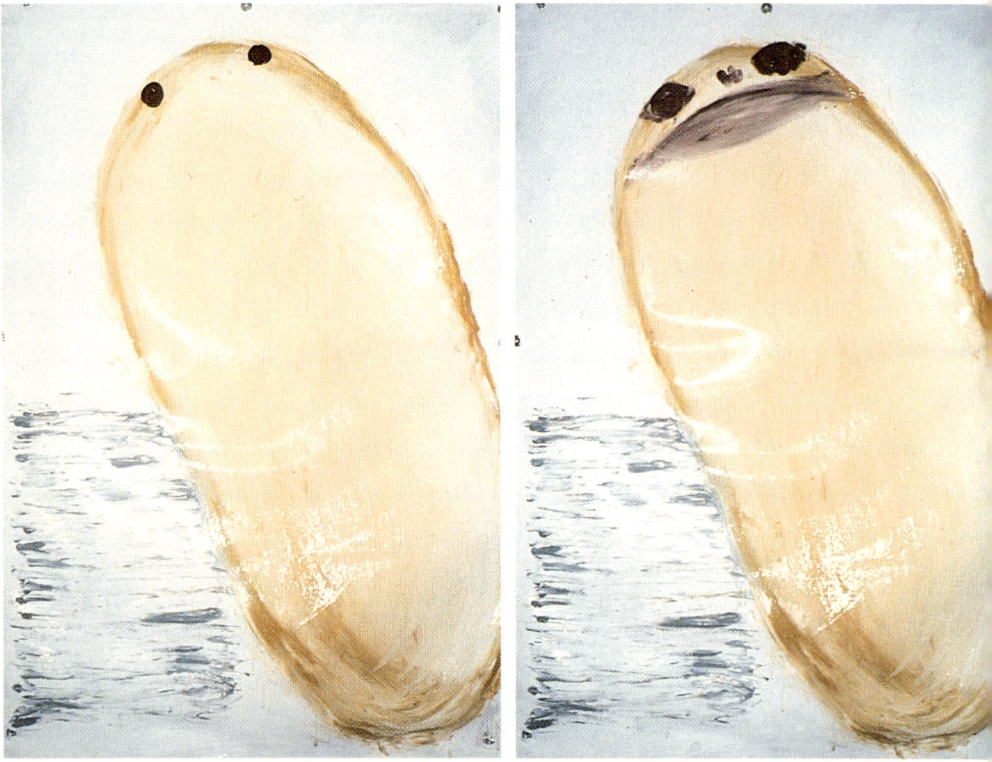

Bild 2/3
Der Sinn eines Traumes kann aber nur erfasst werden, wenn die Träumerin einen wirklichen Gefühlsbezug zum Traum bekommt. Dies ist hier, solange das Bild belustigend und symbolisch ist, nicht der Fall. Ich bitte Amelie deshalb, die Made so lange zu verändern, bis sie dem Gefühl im Traum entspricht und auch die Umgebung, das Badezimmer, sichtbar wird. Dies fällt Amelie enorm schwer.

Bild 4
Am Schluss weiss Amelie nicht mehr so genau, um was es in diesem Traum geht, sie ist aber ganz im Kontakt mit dem Bild. Der Rest der Arbeit kann dem Unbewussten überlassen werden.

3. Übertreiben

Vermeidungsstrategien zeigen sich manchmal durch Übertreiben. Der einzelne Krümel kratzt nicht mehr, wenn das ganze Bett voll Sand ist.

Beispiel

Traum: *«Ich sehe eine rosa Strickjacke mit einem Flecken darauf.»*

Bild 1
Ich bitte Brigitte, diese Jacke genau zu malen, da sie keine Ahnung hat, um was es geht, vom Traum jedoch sehr bewegt ist. Während sie malt, merkt, sie, dass es eine Jacke ist, die ihre Mutter ihr geschenkt hat. Nachdem die Jacke fertig gemalt ist, geht es darum, den Flecken darauf zu malen. Brigitte weiss nicht, wo er sich befindet. Es werden immer mehr Flecken, und doch wird sie selber dem Bild gegenüber immer gleichgültiger.

Bild 2
Nun bitte ich Brigitte, die Flecken wieder zu entfernen, und nur den Flecken zu malen, der wirklich auf der Jacke ist. Nach einiger Zeit findet sie ihn denn auch, und das Bild berührt sie wieder tief, ohne dass sie genau weiss warum.

4. Unterlassen

Nicht immer malen die Leute, was vorgeschlagen wird, auch wenn sie vorher ausdrücklich mit der Aufgabe einverstanden waren. Natürlich wäre es Unsinn, eine solche Vermeidungsstrategie zu brechen oder auf der Aufgabe zu beharren. In der Arbeit mit Vermeidungsstrategien scheint es mir aber wesentlich, dass sie aufgezeigt werden. Die Malenden sollen sie erkennen und sie sich erlauben. Dann kann in Ruhe abgewartet werden, bis sich ein nächster Traum wieder mit dem Thema beschäftigt.

Beispiel

Traum: *«Cornelia träumt von einem mehrstöckigen Haus, das vom Parterre in den ersten Stock und vom zweiten in den dritten Stock Treppen hat. Es ist offensichtlich, dass die Treppe vom ersten zum zweiten Stock fehlt.»*

Wir Kursleiter schlagen Cornelia zwei Möglichkeiten vor: Entweder irgendein Bild zu malen, zu dem sie Lust hat, oder das Bild des Hauses, nun aber mit der Treppe zwischen dem ersten und zweiten Stock. Cornelia wählt die zweite Aufgabe. Nur – als das Bild fertig ist, gibt es zwischen dem ersten und dem zweiten Stock immer noch keine Treppe. Es gibt zwar Strickleitern und Stricke, Lianen und sogar einen Helikopter, aber keine Treppe. Wir machen Cornelia auf diesen Umstand aufmerksam. Sie wehrt sich, indem sie die verschiedenen Verbindungen zwischen diesen Stockwerken hervorhebt.

In einem solchen Moment muss den Malenden die ausdrückliche Erlaubnis gegeben werden, die Aufgabe nicht zu lösen. Gleichzeitig muss aber auch auf das Offensichtliche hingewiesen werden, (nämlich, dass es auf dem Bild, so wie es ist, keine Treppe gibt.) Der Vorteil des gemalten Bildes ist ja gerade der, dass die Konfrontation im Bild liegt, und das haben die Malenden ja selber aufs Papier gebracht.

IX. Schlussgedanken

Können Sie sich an die Frau vom Anfang des Buches erinnern, der die Lebensfreude fehlte? Es war Fränzi. Gemeinsam führten uns viele Träume und Bilder während einigen Jahren durch unsere Zusammenarbeit. In eine der letzten Malstunden brachte sie einen Traum:

«Ich sehe ein kleines graues Türmchen, das wahrscheinlich zu einem Haus gehört.»

Fränzi findet dies einen sehr banalen Traum, mit dem man nicht viel anfangen kann. Ich bitte sie dennoch, mit dem grauen Türmchen zu beginnen, und zwar so, dass das, was darunter und daneben ist, noch Platz hat.

Es stellt sich heraus, dass das Türmchen zu einer Kirche gehört. Vor der Kirche entsteht ein gepflasterter Platz, den Fränzi mit viel Liebe malt. Vielleicht kann sie damit das kommende Bildgeschehen noch etwas hinauszögern? Auf alle Fälle wird das Bild in dieser Stunde nicht fertig.

«Was geschieht auf einem Platz vor einer Kirche?»

«Es wird geheiratet. Wie banal und kitschig!» Trotz anfänglichem Widerstand malt Fränzi wiederum sehr liebevoll das Brautpaar, die Umgebung der Kirche, alle Leute, die dem Brautpaar gratulieren.

«Gehen die Brautleute in die Kirche hinein, oder kommen sie heraus?» Fränzi entscheidet sich fürs Hineingehen. Auch in dieser Malsitzung wird das Bild nicht fertig.

Als Fränzi das nächste Mal kommt, merkt sie, dass der Bräutigam auf der falschen Seite der Braut steht. Wenn man nun dem Bild glaubt, kommen die Brautleute also aus der Kirche heraus und gehen nicht hinein, wie Fränzi gemeint hat. Auch das ist Fränzi etwas peinlich. Sie übermalt die Hinterköpfe mit Gesichtern.

Nun merkt Fränzi, dass diese Braut schon «ja» gesagt hat. In diesem Moment erkennt sie, dass auch sie in ihrem Leben «ja» gesagt hat, zu ihrem Partner und zu ihrem neuen Leben. Sie ist tief bewegt.

In der Traumarbeit durch Begleitetes Malen geht es nicht darum, eine weitere Therapie zu erfinden, die das Ich in den Mittelpunkt stellt. Im Gegenteil, es geht darum, zu lernen, sich von einer Tätigkeit absorbieren zu lassen, das Ich für eine Weile zu vergessen.

Wir müssen unsere Verantwortung uns selber und unserer Umwelt gegenüber wahrnehmen. Jede Traumarbeit ist nur soviel wert, wie die Erkenntnis, die daraus in Tat umgesetzt wird.

Der menschliche Geist ist kreativ. Es gilt, unsere Vergangenheit, unsere Zukunft, uns selber, letztlich unsere Welt neu zu erfinden. Diese Erfindung wird wahr durch das Bild, das wir uns von ihr machen.

Anhang A
Entstehung des Hologramms

Ein Hologramm entsteht, wenn ein Laserstrahl in zwei getrennte Strahlen aufgespalten wird. Der erste Strahl wird vom Aufnahmeobjekt, in diesem Fall einem Apfel, reflektiert. Dann lässt man den zweiten Strahl mit dem reflektierten Licht des ersten kollidieren, und das dadurch entstehende Interferenzmuster wird auf den Film gebannt. Sobald ein weiterer Laserstrahl (manchmal genügt auch ein helles Licht) den Film durchdringt, erscheint wieder ein dreidimensionales Abbild des ursprünglichen Objekts.[1]

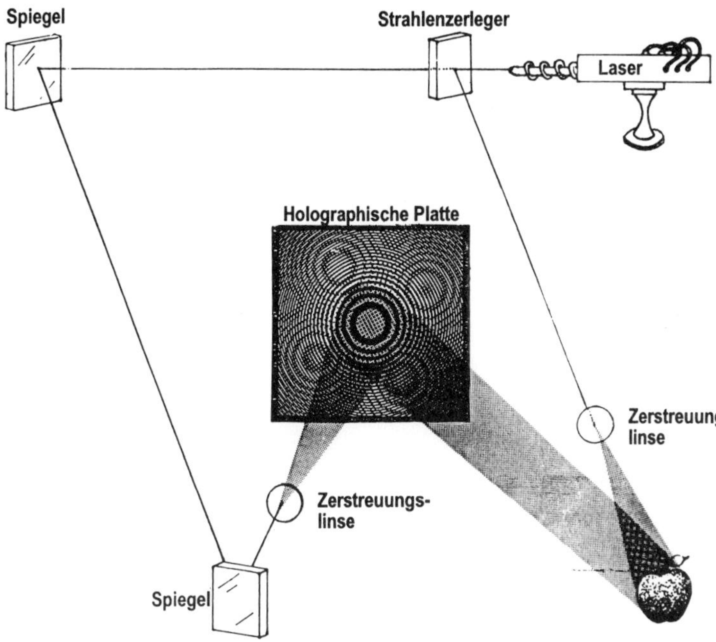

1 Illustration und Zitat aus Talbot, Michael: *Das Holographische Universum*, Verlag Droemer Knaur, München, 1992, S. 25

Anhang B
Weiterbildungsmöglichkeiten mit Bettina Egger

Informationen über die Ausbildung in Malleiten/Maltherapie und Kunsttherapie sowie weitere Kurse mit Bettina Egger durch das Institut für Humanistische Kunsttherapie, Feldeggstr. 21, CH 8008 Zürich, Tel. 01/383 53 61.

Materialbezug

Pinsel, Palettentische, Farben
Lotti Scheffmacher
Beratung für Ateliereinrichtung und Material
Platz 10
CH 8200 Schaffhausen
Tel. 053/25 54 80 Fax: 053/25 54 90

Farben
Lascaux Gouache
Alois K. Diethelm AG, Lascaux-Farbenfabrik
CH 8306 Brüttisellen
Tel. 01/833 07 86 Fax: 01/833 61 80

Bibliographie

Bücher, die mir im Zusammenhang mit dieser Arbeit wichtig geworden sind:

AEPPLI, ERNST: *Der Traum und seine Deutung,* Knaur, München

ANDREAS, S. und C.: *Change Your Mind – And Keep the Change,* Real People Press, Moab, 1987

BANDLER, RICHARD: *Using Your Brain – For a Change,* Real People Press, Moab, 1985

BANDLER, R. und GRINDER, J.: *Reframing,* Real People Press, Moab, 1982

BARKER, P.: *Using Metaphors in Psychotherapy,* Brunner/Mazel, New York, 1985

BATTEGAY, R. und TRENKEL, A.: *Der Traum,* Verlag Hans Huber, Bern, 1987, 2. Auflage

BLAKESLEE, T.: *Das rechte Gehirn,* Aurum, Braunschweig 1991

BOHM, D. und PEAT, F. D.: *Science, Order, and Creativity*, Bantam Books, New York, 1987

BONIME, W.: *The Clinical Use of Dreams*, Da Capo Press, New York, 1982

BORBÉLY, ALEXANDER: *Das Geheimnis des Schlafs,* Ullstein Verlag, Frankfurt, 1991

BRIGGS, J. und PEAT, F. D.: *Die Entdeckung des Chaos,* Carl Hanser Verlag, München, 1990

CALVIN, WILLIAM H.: *Die Symphonie des Denkens,* Carl Hanser Verlag, München, 1993

COHEN, DAVID B.: *Sleep and Dreaming: Origins, Nature and Functions,* Pergamon Press, New York, 1979

DAVIES, PAUL: *The Cosmic Blueprint,* Simon & Schuster Inc., New York, 1989

DAVIES; PAUL: *The Mind of God,* Simon & Schuster Inc., New York 1992

DE SAINT DENYS, H.: *Les Rêves et les moyens de les diriger,* Tchou, Paris, 1964

DIECKMANN, HANS: *Umgang mit Träumen,* Kreuz Verlag, Stuttgart, 1982

ECCLES, JOHN C.: *Die Psyche des Menschen*, Piper Verlag, München, 1990

EGGER, BETTINA: *Faszination Malen,* Zytglogge Verlag, Bern, 1980

EGGER, BETTINA: *Malen als Lernhilfe,* Zytglogge Verlag, Bern, 1982

EGGER, BETTINA: *Bilder verstehen,* Zytglogge Verlag, Bern, 1984

EGGER, BETTINA: *Der gemalte Schrei,* Zytglogge Verlag, Bern, 1991

EPSTEIN, GERALD: *Waking Dream Therapy,* Human Science Press, New York, 1981

FESTINGER, L.: *Theorie der kognitiven Dissonanz,* Hans Huber Verlag, Bern, 1978

FREUD, S.: *Die Traumdeutung,* S. Fischer Verlag, Frankfurt, 1961

FREUD, S.: *Der Witz und seine Beziehung zum Unbewussten,* Fischer Taschenbuch Verlag, Frankfurt, 1986

FROMM, E.: *The Forgotten Language*, Grove Press, New York, 1980

GAZZANIGA, MICHAEL S.: *Das erkennende Gehirn,* Junfermann Verlag, Praderborn, 1989

GINGER, S. und GINGER, A.: *Gestalttherapie,* Beltz Verlag, Weinheim, 1994

GENDLIN, E. T.: *Let Your Body Interpret Your Dreams*, Chiron Publications, Wilmette, 1986

GORDON, D.: *Therapeutic Metaphors,* Meta Publications, Cupertino, CA, 1978

HOBSON, ALLAN J.: *The Dreaming Brain,* Basic Books, New York, 1988

HOBSON, ALLAN J.: *Schlaf,* Spektrum Verlag, Heidelberg, 1989

HOLLER, JOHANNES: *Das Neue Gehirn,* Verlag Bruno Martin, Südergellersen, 1991

JOUVET, MICHEL: *Die Nachtseite des Bewusstseins,* Rowohlt, Hamburg, 1994

JUNG, C. G.: *Traum und Traumdeutung,* Deutscher Taschenbuch Verlag, München, 1990

KOUKKOU, M. und LEHMANN, D.: *Psychophysiologie des Träumens und der Neurosentherapie: Das Zustands-Wechsel-Modell.* Fortschritte der Neurologie, Psychiatrie und ihrer Grenzgebiete, Stuttgart, 1980, 48. Jg. Heft 6

KLUGE, F.: *Etymologisches Wörterbuch der Deutschen Sprache,* Verlag Walter de Gruyter, Berlin, 1989

KRISHANMURTI, JIDDU und BOHM, DAVID: *Vom Werden zum Sein,* O. W. Barth Verlag, Bern, 1987

LANSKY, MELVIN R. (Hrsg.): *Essential Papers on Dreams,* New York University Press, New York, 1992

MCGUIGÁN, F. J.; SCHOONOVER, R. A. (ed): *The Psychophysiology of Thinking,* Academic Press, New York, 1973

MECACCI, LUCIANO: *Das einzigartige Gehirn,* Campus Verlag, Frankfurt, 1988

MECHSNER, FRANZ VON: *Geschichten aus der Nacht,* Geo, 1994

MILLER, ALICE: *Bilder einer Kindheit,* Suhrkamp Verlag, Frankfurt, 1985

Morgenthaler, F.: *Der Traum,* Campus Verlag, Frankfurt, 1986
Peat, D. F.: *Synchronizität,* Scherz Verlag, Bern, 1991
Perls, F.: *Gestalt Therapy Verbatim,* Bantham Books, New York, 1976
Perls, F. und Baumgardner, P.: *Das Vermächtnis der Gestalttherapie,* Verlag Klett-Cotta, Stuttgart, 1990
Revenstorf, D.: *Psychotherapeutische Verfahren,* Band II, Kohlhammer Verlag, Stuttgart, 1982
Röthlein, B.: *Unser Gehirn wird entschlüsselt,* Hoffmann und Campe Verlag, Hamburg, 1993
Rycroft, Charles: *The Innocence of Dreams,* Pantheon Book, New York, 1979
Smothermon, Ron: *Drehbuch für Meisterschaft im Leben,* Context Verlag, Bielefeld, 1986
Spinola, R. und Peschanel, F. D.: *Das Hirn-Dominanz-Instrument* (H. D. I.), GABAL Verlag, Speyer, 1988
Strauch, I. und Meier, B.: *Den Träumen auf der Spur,* Verlag Hans Huber, Bern, 1992
Talbot, Michael: *Mysticism and the New Physics,* Routledge & Kegan Paul, London, 1987
Talbot, Michael: *Das Holographische Universum,* Droemer Knaur Verlag, München, 1992
Ullman, U. und Zimmerman, N.: *Working with Dreams,* Jeremy P. Tarcher, Inc., Los Angeles, 1979
Vom Scheidt, Jürgen: *Das grosse Buch der Träume,* Wilhelm Heyne Verlag, München, 1985
Von Franz, M. L.: *Träume,* Daimon Verlag Zürich, 1985
Watzlawick, Paul: *The Language of Change,* Basic Books, New York, 1978
Wilber, Ken: *No Boundary,* Shambhala Publications, Boulder CO, 1979
Wilber, Ken (Hrsg.): *Das holographische Weltbild,* Heyne Sachbuch Nr. 19/70, München, 1990
Williams, Strephon: *Durch Traumarbeit zum eigenen Selbst,* Ansata Verlag, Interlaken, 1987
Winson, Jonathan: *Neurobiologie des Träumens,* Spektrum Verlag, Gehirn und Bewusstsein, Heidelberg, 1994

Bettina Egger bei Zytglogge

Faszination Malen

Praktisches, Erzieherisches, Anregendes

Mit ihrem Buch will Bettina Egger Bereitschaft, Sensibilisierung für bestimmte Vorgänge und Situationen wecken. Sie vermittelt aber nicht konkrete Anleitung zum Aufbau eines Malateliers und Anweisungen zur direkten Übertragung ihrer Erfahrungen auf andere Bereiche.

Was in dem Buch beschrieben wird, ist faszinierend, motivierend und verlockend zugleich.

Der Leser wird gehalten, das Malen und die Malergebnisse als Prozess zu akzeptieren und nicht deutend oder unter entwicklungspsychologischen Gesichtspunkten einordnend zu betrachten. Der Praktiker erhält viele gute Anregungen, wird aber auch hingewiesen auf die Schwierigkeiten, die bei der Einrichtung eines Malraumes auftreten können.

Malen als Lernhilfe

Malen und bildnerisches Gestalten mit verschiedenen Materialien

«‹Malen als Lernhilfe› ist der zweite Band über Fragen des Malens und bildnerischen Ausdrucks von Bettina Egger.

Die Autorin gibt eine Fülle von Anregungen und Anleitungen für leicht ausführbare Techniken des bildnerischen Gestaltens mit verschiedensten Materialien zur Arbeit mit Kindern für Vorschul-, Kindergarten- und Primarschulunterstufe, besonders aber auch für die Arbeit mit geistig und körperlich behinderten Kindern.

Wiederum ein faszinierendes Buch, das nicht nur Erziehern, sondern ebenso Eltern empfohlen werden kann und eine eigentliche Pädagogik des Malens darstellt.»

Empfohlene Bücher

Bettina Egger bei Zytglogge

Bilder verstehen

Wahrnehmung und Entwicklung der bildnerischen Sprache

«Wer sich vor Kinderzeichnungen immer ein bisschen ratlos-geniert fühlt, weil diese Kritzeleien doch eigentlich gar nichts darstellen, nehme zwecks gegenteiliger Information Bettina Eggers Buch ‹Bilder verstehen› zur Hand.

Zeichnen und Malen sind eine Ausdrucksform für den momentanen psychisch-physischen Zustand wie auch Erinnerung an die Vergangenheit. Die verschiedenen Urformen der Entwicklungsphasen des Kindes werden dabei nach Margret Mahlers Theorie von Loslösung und Individuation vorgestellt.

Bettina Egger zeigt diese Urformen an Bildbeispielen von zeitgenössischen Künstlern, anhand der figurativen Phasen von Kindern und in Ausdrucksbildern von Erwachsenen auf. Daraus ergibt sich ein lebendig illustriertes und eindrucksvolles Panorama, für viele gewiss auch eine neue Art von Betrachtung.» *Zürichsee-Zeitung*

Der gemalte Schrei

Geschichte einer Maltherapie

«Eindringlich zeigen die abgedruckten Bilder und die Kommentare der Maltherapeutin Bettina Egger, wozu die Maltherapie fähig ist: verschüttetes Wissen sichtbar zu machen und die heilende Kraft der Bilder zu aktivieren.

Im Mittelpunkt stehen die Bilder von Lynn, die in ihrer Kindheit sexuell missbraucht wurde, den Inzest jedoch verdrängte. Selbstgemalte Bilder sind eines der passendsten Mittel, an Informationen zu gelangen, die mit Worten nicht ausgedrückt werden können. Gemeint sind Bilder, von denen sich die Malenden während des Entstehens führen lassen, denen sie sich anvertrauen.» *Standbein Spielbein*